U0375097

吹响合作的美妙乐章

——小学口琴教学中培养学生合作表演能力的教学策略研究

万晓春　主编

上海大学出版社

·上海·

图书在版编目(CIP)数据

吹响合作的美妙乐章：小学口琴教学中培养学生合作表演能力的教学策略研究 / 万晓春主编 . —上海：上海大学出版社，2018.7

ISBN 978-7-5671-3142-2

Ⅰ. ①吹… Ⅱ. ①万… Ⅲ. ①口琴—表演艺术—教学研究—小学 Ⅳ. ①G623.712

中国版本图书馆 CIP 数据核字（2018）第 122037 号

责任编辑 石伟丽
封面设计 缪炎栩
技术编辑 章 斐 金 鑫

吹响合作的美妙乐章

——小学口琴教学中培养学生合作表演能力的教学策略研究

万晓春 主编

上海大学出版社出版发行

（上海市上大路99号 邮政编码200444）

（http://www.press.shu.edu.cn 发行热线021-66135112）

出版人 戴骏豪

*

南京展望文化发展有限公司排版

句容市排印厂印刷 各地新华书店经销

开本710 mm×1000 mm 1/16 印张11.5 字数154千

2018年7月第1版 2018年7月第1次印刷

ISBN 978-7-5671-3142-2/G·2744 定价 48.00元

编委会

主　编： 万晓春

副主编： 曹　忠、汤　慧

编　委： 周玲霞、刘戎骄、迟　娱、须佳琦、李争鸣、黄亦淳、袁星亚、邱宇欢

序

2006年我主持上海市浦东新区音乐教师培训工作室时，万晓春是工作室的第一批学员，她一直是风风火火、热情肯干且对学校音乐教育有想法的老师。三年的培训很快结束，此后她又参加了上海市音乐名师基地的培训，在学习与教学实践中不断探索，逐渐成为在上海市浦东新区有影响力的学科带头人，在完成学校中层领导工作和音乐教学工作之余还担任了该区小学音乐兼职教研员的工作。繁重的工作没有磨灭她对教学实践研究的热情，而她更是利用自身优势，带动相当一部分音乐教师开展小学口琴教学的研究。

今年初，我欣喜地获悉她负责的研究课题获得上海市浦东新区第八届教科研成果三等奖。此科研课题涉及小学一至五年级的口琴教学，不仅研究教师的教学方法，关注学生音乐素养的培养，还思考教学对于学生综合素养的培养，又根据教学需要编写口琴教学的一至五年级补充教材，这对于在浦东比较偏远的高桥地区来说，无疑是一个造福于学生一生的音乐福音。

多年来，口琴一直被作为音乐教学的学具，可是要真正落实口琴教学，关键还是靠音乐教师，因为在音乐课堂中，如何让学生掌握这一技能，并通过口琴吹奏而喜欢上音乐、有欲望去表现音乐，在目前的教育环境下是一件非常困难的事，但是，我看到万晓春老师带领的团队正是在做这样一件事，这不禁让我为之鼓掌！

为了更好地辐射他们的教学成果，他们不仅吸收了更多的学校参与实践研究，还希望通过出版他们的科研成果，让更多学校、教师和学生受益，这是一件好事，因此我欣然接受了这一写序的要求。

朱燕婷

2017年4月13日

前 言

口琴作为学具，小巧而便捷。在平时的教学中，我感受到了学生对口琴的喜爱与投入。作为上海市浦东新区口琴教学基地，我们本着开发和探究的精神，尝试在音乐课堂中采用与音乐教材相结合的方式进行口琴教学。通过利用课堂上的部分时间进行口琴教学，对不同年级的学生进行合理的各种吹奏能力的培养，使学生在掌握口琴基本的吹奏方法后在课后自主学习并尝试与他人合作，从而提高学生的学习兴趣，培养学生的音乐综合素养，并将学生的学习态度一直延伸至课外的生活和社会活动中，在综合素养的培养上更加注重健全的人文意识和合作意识，注重在合作表演过程中提高学生与他人合作的能力、组织协调能力等，以使口琴这一小小的学具发挥无限的育人价值。

本书系上海市浦东新区音乐学科带头人、骨干教师等基层第一线教师的教学体会与经验总结，包括具体的教学设计及案例分析。本书将教学案例与上海市小学二期课改音乐教材密切结合，并汇入学生喜闻乐见的世界名曲，具有循序渐进、简单易学、材料丰富等特点，是值得一线音乐教师借鉴与运用的翔实范本，为器乐教学尚未起步的学校、教师和学生提供教学素材，以收到共同进步的成效。作为本成果的主编，在口琴教学实践中我需要与老师们分享和交流，在分享与交流的过程中，我切实感受到：一种思想与另一种思想的交流碰撞可以收获两种思想。

在此，感谢上海市浦东新区音乐学科带头人、骨干教师和高桥镇小学音乐教研组成员以及实习老师的共同参与。

万晓春

2018年4月

目　录

绪 论

第一节 研究的缘起

一、时代的需求

当今社会，随着知识经济时代的到来，各种知识、技术不断更新，竞争日趋激烈，社会需求越来越多样化，人们在工作学习中所面临的情况和环境也越来越复杂。在很多情况下，单靠个人能力已很难处理好各种错综复杂的问题并采取切实高效的行动，需要依靠团队的力量予以解决，因此，团队意识非常重要。俗话说："一座篱笆三个桩，一个好汉三个帮。"社会就是人与人之间的有机组合，人与人之间就像"人"字一样需要相互帮助、相互支撑，如此才能立住不倒。在音乐活动中，学生由于生活环境、个人特长、兴趣爱好等的不同，往往表现出不同的艺术表现能力。口琴作为一种音乐学具，不仅携带方便，而且价格便宜，一般家庭都买得起，所以在音乐课堂教学中适当加入口琴教学，可以使学生在学习的过程中加强与人相处、合作表演的能力，让小小的学具——口琴成为学生与他人在艺术表演上进行良好交流的工具，成为培养学生综合素质和健全人格的一种途径。在口琴教学中利用声部之间的配合及其他乐器的协作培养团队意识，具有显著的成效。学生在排练及演出过程中，组成合奏小乐队的方式值得借鉴。

二、音乐课程标准的要求

《上海市中小学音乐课程标准（试行稿）》（以下简称《上海市课标》）中指出，应以提高学生的音乐"艺术素养"为宗旨，使学生获得基础的音乐知识与技能，具有基本的音乐审美能力和音乐的实践、表达、交流、合作与协调能力，形成终身爱好、学习音乐的兴趣，培养良好的音乐艺术审美情趣，提高人文素养。随着教育教学改革的深入开展，"器乐进课堂"已经成为音乐课堂的重要组成部分。从教育部颁发的《全日制义务教育音乐课程标准（实验稿）》，到上海市的一期和二期课改要求，无不在"音乐表现"中指出，"演唱""演奏""综合艺术表演"及"识读乐谱"四项内容中，"器乐演奏"对于激发学生学习音乐的兴趣，提高学生对音乐的理解、表达和创造能力有着十分重要的作用。

《上海市课标》在艺术课程总目标中就指出要增强学生与人合作、与人和睦相处的意识，提高合作的意志品质，促进健全人格的发展。在上海市二期课改的各学科课程中，艺术活动蕴涵着强烈的社会性，合作与交流是艺术课程学习的重要形式。教育部《义务教育音乐课程标准（2011年版）》（以下简称《课标》）要求学生在音乐艺术的集体表演形式和实践过程中，能够与他人充分交流、密切合作，不断增强集体意识和协调能力……在小学音乐学习活动中，我们经常进行器乐、声乐、舞蹈、戏剧类的综合培养方式，在口琴教学中既采用课堂教学方式培养学生基本的口琴吹奏能力，又采用社团活动的培养方式让学有余力的学生提高吹奏能力，并在掌握各类口琴的演奏技能的基础上开展往专业发展的课外延伸学习，在整个口琴教学的过程中培养学生良好的合作意识，提高学生的学习兴趣，丰富合作方式，提高学生合作表演能力，让教师与学生在和谐互动的氛围中充分享受艺术的魅力。

学生的个性特长各不相同，在歌唱、情景表演、肢体舞蹈、器乐演奏等各个方面都需要通过合作的表演方式在音乐活动中呈现。《课标》重视实践与创造，注重提高音乐审美能力，激励学生主动参加集体性、多样性、探索性的整体艺术实践，引导学生积极投入到音乐的唱、奏、演、赏、创等活动中，所以在器乐——口琴作为学具的学习活动中，我们要善于发现学生的特长，尽可能多地了解学生的表演水平，在合作的过程中做好协调与平衡，将不同能力、不同层次的学生进行组合，让他们各自的特长尽可能多地在口琴合作表演中进行表现，达到良好的合作效果。在表演中，学生自由组合，用默契的方式互相配合，用口琴来表现音乐，既可以是两人合作，也可以是三四个人合作，还可以男女生进行合作，用综合表演的形式表现乐曲。这样做一方面可以消除某些吹奏能力较弱学生的怯场、紧张和自卑情绪，起到了互助作用；另一方面也给了学生一个展示自我的机会，从而提高全体学生学习音乐的积极性。

《课标》中指出：音乐的“表现”主题由演唱、演奏和综合表演三部分内容组成，其重点是学习歌（乐）曲唱、奏和表演的基本方法与技能，对形成学生音乐表现的乐感和美感具有重要作用。音乐学习活动是在唱、奏、演、舞等音乐表现形式的学习过程中，运用聆听感受、视唱视奏、模仿表现和集体表演等方法，通过音乐情绪体验与感受、音乐要素感知与应用、音乐情感理解与表达等活动来完成的。通过学习，学生乐于参加集体性音乐活动，形成乐观、积极、自信的态度并具有和他人合作、与集体协同的意识。在口琴演奏过程中，可以结合教师的钢琴、打击乐器采用多种乐器合奏的方式，将乐曲进行师生接龙，再加上音量、力度、速度等各方面的合作处理，多维度、多角度地培养学生口琴与器乐演奏的能力，使学生体验到合奏的快乐。将一些简单的歌曲旋律进行吹奏学习，能在提高学生的音准能力的基础上，提高合奏能力、合唱能力，会使演奏变得和谐、动听，使学生在演奏过程中，不仅可以享受演奏的乐趣，还能提高艺术综合表演水平。

(一)口琴教学中的合作对象及合作方式

《课标》中指出:音乐活动在许多情况下是群体性的活动,如齐唱、齐奏、合唱、合奏、重唱、重奏以及歌舞表演等。这种相互配合的群体音乐活动,同时也是一种以音乐为纽带进行的人际交流,它有助于养成学生共同参与的群体意识和相互尊重的合作精神。成功的音乐教育不仅在学校的课堂上,而且也应在社会的大环境中进行,对社会音乐生活的关心,对班级、学校和社会音乐活动的积极参与,将使学生的群体意识、合作精神和实践能力等得到锻炼和发展。

师者,传道、授业、解惑也! 在传统的师道尊严的观念指导下,以往的课堂教学中,教师总是扮演严肃、严谨地教授知识、解答疑问的角色,发挥着自上而下传授知识的主导作用。《中共中央国务院关于深化教育改革全面推进素质教育的决定》明确要求教师要和学生平等相处,尊重学生人格,和学生做朋友,建立新型的师生关系。教与学是互动交流的过程,教师的主导和学生的主体之间是相互作用、相互促进的。在口琴教学中,师生之间、生生之间的情感在和谐的气氛中相互感染、相互碰撞、相互激发,创造了良好的学习和探索的氛围,不但能促进学生思维能力的发展,又可以帮助那些学习困难的学生,起到互助的作用,通过音乐将彼此间的情感进行充分而有效的交流,无形中形成了交流合作的良好气氛。

1. 师生合作

口琴教学的课堂应该是师生之间平等的对话交流,只有这样才能做到教学相长。新型的师生关系是师生和谐互动的保障,教师要善于创设师生和谐互动的氛围,成为学生的好朋友,让学生生动活泼地学习。在课堂上,教师应服务于学生的学,要融入学生的学习活动之中,洞察学生的学习状态,该引导时引导,该启发时启发,该设疑时设疑,该鼓励时鼓励,顺应学生的"学势",帮助学生多思、多说、多做,只有通过这种彼此尊重、相互认同的师生互动,才能营造出和谐的课堂氛围。教师在口琴教学中运用情感交流，通过语言、微笑、眼神、手势等与学生产生互动，相互感染，建立一个接纳的、支持性的、宽容的课堂氛围，给予学生心理上的安全感和精神上的鼓舞，满足学生的各种学习需求，使学生愉悦、积极地参与交互活动。

2. 生生合作

在口琴教学中，学生与学生之间情感的沟通与思想的交流，能让学生的潜能得以发掘，个性得以张扬，主体性得以充分发挥。有的学生有较强的演奏能力，教师就可以让他吹奏有难度的主题旋律；有的学生学习进度比较慢，但节奏感非常好，可以让他吹奏柱式和弦；有的学生喜欢用打击乐器来为乐曲伴奏；有的学生更愿意摆造型，做默默无闻的小花、小草或大树……在生生合作互动的过程中让每一位有潜质的学生发挥其特长，和其他学生进行有效的口琴吹奏的合作学习，不仅可以提高学生的学习兴趣，更可以提高学习的效果。

3. 小组合作

小组合作学习应成为音乐活动中的常见方式。在课堂上，我们经常运用小组合作学习的策略，进行自主学习或角色扮演、造型设计等，这样既有利于培养学生合作探究的学习习惯，更有助于形成民主平等的课堂氛围。小组合作学习在形式上成为有别于传统教学的一个最明显的特征，在课堂上给予了学生自主合作的机会，培养了学生的团体合作和竞争意识，提高了学生的交往与审美能力。在培养学生合作意识的教学实践中，教师应把学生的独立思考作为合作学习的前提，把互动互补作为合作的目的，把互尊互助作为合作的关键，把师生合作作为合作学习的发展，有效地培养学生的合作意识，提高学生表现音乐、欣赏音乐、创造音乐的能力。

在口琴教学中，教师可以将学生分成若干个小组，要求小组成员共同完成教师或学生自己设定的目标，如吹奏、表演、合奏、创编节奏等。在小组活动中，每个学生担任不同的角色，在互相配合的过程中完成各类表演任务，不仅为学生的自主学习创造了机会，同时，也培养了学生的合作意识以及与他人合作的能力。小组合作表演能促使学生提高学习兴趣、充分挖掘学生的音乐潜能，让学生在小小的舞台上展示自己的音乐特长。

在合作吹奏乐曲的过程中，随着学生之间不同程度的交往和互相配合、互相帮助，小组的集体荣誉感、责任感、领导意识都有所加强，与他人的交际能力、合作能力、平等意识都会潜移默化地得到增强。学生在小组中要商量用什么办法来解决面临的问题、在小组的演奏分配中怎样才能使每个小组成员都满意等问题，在小组互动中能及时加深对自己的认识，提高学生自身的音乐素养。

4. 组组合作

学生是学习的真正主体，课堂应该是属于学生的。在小组合作的过程中，学生之间会有竞争和合作，这样能更有效地发挥学生的主体意识。动情的歌唱、热情的演奏、激情的舞蹈、角色化的表演，在小组与小组之间形成良好的空间意识、表演区域的区分、表演形式的不同等，产生良好的竞争，并培养恰当的评价能力，使每个小组的表演都能展示他们合作的成果。

音乐课的教学过程就是音乐艺术的实践过程。因此，所有的音乐教学领域都应重视学生的艺术实践，积极引导学生参与各项音乐活动，将其作为学生走进音乐、获得音乐审美体验的基本途径。通过音乐艺术实践，增强学生音乐表现的自信心，培养良好的合作意识和团队精神。

（二）挖掘学生潜能，展示口琴吹奏特长

在合作学习的过程中，学生随着相互之间不同程度的交往和配合、帮助，加强了与他人的交际能力、合作能力。合作表演能促使学生提高学习兴趣、充分挖掘学生的潜能，让学生在口琴吹奏中展示自己的音乐特长。《中共中央国务院关于深化教育改革全面推行素质教育的规定》和江泽民《关于教育问题的谈话》的相关精神就规定，全面推进艺术教育步伐，

培养有创新精神的一代新人，强调以美育为主线，努力抓好学生的音乐感受、表现力与鉴赏力，处理好“双基”与“审美”两者之间的关系，克服专业化训练与实用学习体系之间的障碍，降低知识难度，重在艺术实践活动以及创新能力的培养。器乐教学是学生学习音乐的一种重要实践方式。关注每一个学生的音乐课堂，不是为培养音乐的专门人才而服务，而应面向全体学生，使每一个学生的音乐潜能得到开发并使他们从中受益。以学生为主体、教师为主导的师生互动教学形式，将学生对音乐的感受和音乐活动的参与放在重要的位置。

1. 培养学生合作意识及表演能力

学生在口琴吹奏合作表演的时候，容易挤在一起，教师要适时地帮助学生注重空间感，培养学生合作意识及表演能力，抓住一切机会培养学生的表演的高低空间感和前后空间感。

2. 培养学生良好的合作空间感

在学生口琴表演的过程中，教师要引导学生适当进行队列的排练，做到在各种队形排列时不轻易去碰到他人的身体，注意和别的同学之间的距离，并经常改变表演队形，这样更能激发学生的表演兴趣。在为学生创设良好的表演区域后，学生在今后的舞台表演的过程中也能提高良好的舞台空间感，在教室、在舞台以及更大的表演空间中都会正常发挥他们的口琴综合表演能力。

3. 培养学生及时应变和配合的能力

学生在表演初期没有三维的空间审美能力，教师要时刻注意提示学生在表演区域的位置，让学生自动观察舞台的前后、左右、上下的三维空间感，随时主动调整表演姿势，及时应变和配合。

（三）及时评价，提高合作有效性

《上海市课标》中关于完善评价机制的要求是，在体现素质教育目标的前提下，以音乐课程价值和基本目标的实现为评价的出发点，建立综合评价机制。评价应包括学生、教师和课程管理三个层次，可采用自评、互评和他评等多种形式。评价指标不仅要涵盖音乐的不同教学领域，更应关注学生对音乐的兴趣、爱好、情感反应、参与态度和程度，以及教师引导学生进入音乐的过程与方法的有效性等诸多方面。应善于在动态的教学过程中利用评价起到促进学生发展、提高教师教学水平和完善教学管理的作用。在口琴教学活动中，对学生的口琴吹奏表演能力要及时地进行评价，不做毫无演奏成效的盲目合作，使学生的综合表演任务合理、演奏声部清晰，合作演奏实施有效和谐。在教师评价、学生自评、学生互评的方式中形成多角度、多方位、多层次的多维评价，使音准、节奏、速度、气息等都得到关注，让学生在他人或其他组进行评价后再进行练习、合作，这样就从整体上提升了学生的口琴吹奏表现力和综合的欣赏能力。

三、口琴教学基地的任务

2011年，在上海口琴会会长陈宜男老师的组织下，上海市浦东新区成立了口琴教学实践基地，包括5所小学和5所中学。对于偏远的学校来说，这样的任务比较艰巨，学校的音乐教师都比较年轻，接受任务的时候大部分音乐教师的教龄都在三年左右，但经过专业的培训，这些年轻教师自主学习口琴的能力及教学实践水平都得到了快速提高。在教师们摸着石头过河的过程中，上海市浦东新区教育局和上海市浦东新区教育发展研究院牵头开展了培训和课堂教学实践活动，并组织了器乐小乐队比赛及器乐论文比赛。在这些活动丰富的交流互动的过程中，在口琴教学专家陈宜男老师的指导下，口琴教学实践基地的成员学校上海市浦东新区崂山小学、上海市建平中学西校举行了公开教学。在实践的过程中，根据口琴教学基地的活动实践情况，我们将“小学口琴教学中培养学生合作表演能力的实践与探究”作为课题进行了申报。该课题于2013年9月被上海市浦东新区教科室立项为区级一般课题。在两年的课题研究过程中，课题组成员在公开教学及课堂教学实践中积累了很多实践经验，并根据实践教学及拓展内容自编了一至五年级的口琴教材。到2015年底课题结题时，参与课题研究的老师们积累了大量的教学理论与实践相结合的文本，除了自编教材还有论文集、教学设计集、教学案例以及教学实践录像，并于2016年获得浦东新区第八届教科研成果三等奖。

四、上海市浦东新区小学器乐教学的现状与分析

浦东新区是上海市的一个市辖区。至2011年，全区有小学173所、中学161所、特殊教育学校3所、工读学校1所、职业技术学校7所、中等专业学校7所、高等教育学校26所、幼儿园224所、国际学校12所。全日制教育在校学生50.56万人。面对这样一个大区，在保证教育资源均衡化及公平化的前提下，怎样抓住有利条件来进行器乐教学，值得我们深入思考。

（一）器乐教学开展的必要条件

1. 对乐器的选择

在对浦东新区将近一百所小学的调研过程中我们发现，课堂教学中常用的学具主要有口琴、口风琴、竖笛、葫芦丝、巴乌等。我们在全区音乐教研活动时随机发了100份调查问卷，收到95份调查问卷，占浦东新区整个小学学校的20%左右。在调查问卷中，以学校规定的每周2课时的教学课时安排中，器乐教学所占的比例为10%左右。而口琴由于便于携带，音准效果较佳，在每个课时中，通过吹奏音阶、练习歌曲部分旋律、乐曲部分旋律、旋律接龙等环节，占用课时时间较少，平均每课时用5分钟左右就可以实现对学生视谱读谱、节奏训练、歌唱气息等能力的培养，起到事半功倍的效果。在实际的教学中，口琴轻便，简单易学，所以学生更容易选择这类简易的小乐器作为学具。小乐器的学习与音乐课堂教学紧密结合，按照不同学生年龄特点设计相应的分年级要求，这样，口琴作为学具在音乐课堂上使用，是占有一定优势的。

2. 具有器乐专业背景的师资

器乐教学的开展离不开教师的专业知识储备和丰富的教学经验，要

开展好器乐教学，教师的器乐教学指导能力是关键因素之一。在调研过程中，我们发现浦东新区的师资力量是不均衡的，一部分地处中心地段的学校拥有自己的长笛乐团、鼓乐或管弦乐队、民乐团等，而一部分偏远的学校缺乏具有较强的器乐专业背景的教师来执教。

3. 学校的支持

开展器乐教学需要学校财力和物力上的大力支持，学校是否有能力购买配套乐器、提供合适的教学场所都是保证器乐教学正常进行的必要条件。在调研过程中，我们发现有些偏远地区的学校还在使用音质较差的磁带，这对学生的音准水平是有相当大的影响的，如果适时推广口琴教学，相信对提高音准会有效果的。

（二）上海市浦东新区教师问卷统计结果

本次问卷共调查浦东新区在校专职音乐教师100名。有92%的教师在教学过程中曾使用乐器作为教具，其中一周有两次使用乐器进行教学的占22%，一周一次的占54%，一月一次的占24%，并且100%的教师认为在音乐课堂上使用器乐进行教学是有益的。但教师在器乐种类选择上较为分散。根据调查问卷显示，假如开展“器乐进课堂”活动，14%的教师会选择口琴进行教学，44%的教师会选择口风琴，10%的教师会选择竖笛，8%的教师会选择巴乌，12%的教师会选择葫芦丝，剩下12%的教师选择其他乐器。

在器乐教学过程中，大部分教师选择一节课上用10分钟的时间进行器乐教学，教学内容选择与教材相关并适当添加各类补充曲目。如果开展器乐教学，68%的教师愿意尝试以社团或者兴趣班等形式进行教学，28%的教师选择课堂上进行器乐教学，还有4%的教师选择其他培训方法。

针对教师口琴演奏技巧的掌握这一问题，60%的教师采取自学的方式，38%的教师是通过参加培训项目学习的，2%的教师是通过参加口琴教学基地学习的。60%的教师认为口琴这一乐器可以尝试边学边教，30%的教师认为其简单易学。

（三）浦东新区学生问卷统计结果

参与本次问卷调查的学生主要以三、四、五年级学生为主，其中喜欢器乐学习的占95%，不喜欢的仅占5%。在音乐课堂上学习乐器，学生的选择是多样的。学生对于乐器有着浓厚的学习兴趣，如果在音乐课堂上学习乐器，有34%的学生愿意整节课进行学习，16%的学生愿意花20分钟进行学习，24%的学生愿意花15分钟学习，愿意花5分钟和10分钟学习器乐的学生分别占7%和19%。在演奏曲目方面，学生偏向于与教材无关的课外曲目和流行歌曲，46%的学生愿意学习与教材相关并添加补充曲目，有40%的学生非常愿意演奏流行歌曲的曲目，由此可见，教师要在教学中根据学生的喜好多考虑补充教材的曲目，在提高学生实践能力的同时将教学与生活联系起来，以更好地为器乐教学服务。

调查显示，有68%的学生愿意参加学校组织的器乐类社团或者兴趣班，并且有54%的学生希望自己的指导老师具有非常专业的器乐教学知识和能力。同时，学生的器乐学习也离不开家长的支持。调查显示，大部分家长愿意在经济上提供一定的帮助，并承担一部分费用，其中16%的家长愿意承担20～50元的费用，23%的家长愿意承担50～300元的费用，36%的家长愿意承担300～2 000元的费用，11%的家长愿意承担2 000～5 000元的费用，14%的家长愿意承担更多的费用。

器乐的学习需要日积月累的练习，调查中12%的学生愿意每天花5分钟练习乐器，41%的学生愿意每天花半小时练习乐器，33%的学生愿意每天练习1小时，14%的学生愿意每天练习超过1小时甚至更多。

在本次问卷调查中，67%的学生欣赏过器乐演奏的音乐会，33%的学生从来没有欣赏过。所以在器乐教学过程中，还要加强学生艺术欣赏方面的投入与引导，提供更多的鉴赏平台给学生，从而提高学生的综合审美能力。

（四）调查中呈现的问题

问题一：从调查结果中我们可以看出浦东新区小学生对于器乐的学

习兴趣十分浓厚,但是对于器乐学习中演奏的曲目选择性偏差较大。其中39%的学生偏向演奏流行歌曲,15%的学生偏向演奏与教材无关的课外曲目,半数以上的学生不喜欢演奏与教材相关的曲目。

问题二:教师的专业特长不同,导致音乐教师对器乐演奏技巧的掌握程度不同,教师在器乐教学中的教学能力有偏差。

调查发现,仅有2%的教师是通过参加口琴教学基地掌握口琴吹奏技巧的。在上海市浦东教育发展研究院的培训课程里,还未见专门的器乐类的培训,许多艺术教师从师范院校毕业后都是根据自身的艺术特长进行教学的,而职后的培训恰恰缺少对教师多项指导能力的强化,教师掌握器乐教学技巧的程度对器乐教学质量有较大影响。

(五)应对措施

针对以上问题,我们认为器乐教学的宣传力度要及时跟上,可以适时举办器乐教学的交流与评比,加强理论研究和具体的实践研究,营造良好的器乐教学氛围。另外,要加强教师器乐教学的培训,提升教师器乐演奏及指导能力。在学生的艺术鉴赏活动中,应多增加些器乐演奏的专场,并举办形式多样的器乐比赛活动,比如独奏、两重奏、小乐队、大型器乐演奏等,以提高学生的器乐演奏水平和参与活动的积极性。

在器乐教学中,应在培养学生基本演奏能力的基础上,加强学生合作能力的培养,可以通过小组合作进行器乐表演的方式,提高学生的综合表演能力,使学生个体与群体的学习效果得到提升,让学生感受到合奏的艺术效果和魅力,体会到和谐之美,增强他们的集体意识,以达到培养学生团结合作能力的目的。

附:

教师调查问卷

1. 您是______音乐老师。

专职（　　）　兼职（　　）

2. 在教学中，您是否使用乐器作为教具？

是（　　）　否（　　）

3. 您在平时的教学过程中使用乐器作为教具的频率是（不包括钢琴）：

一周两次（　　）　一周一次（　　）　一月一次（　　）

4. 您觉得在音乐课堂上使用器乐教学是否有益？

是（　　）　否（　　）

5. 如果推行“器乐进课堂”，您会选择何种乐器？

口琴（　　）　口风琴（　　）　竖笛（　　）

巴乌（　　）　葫芦丝（　　）　其他（　　）

6. 如果进行器乐进课堂，您的教学内容是：

与教材相关的（　　）　与教材相关并添加各类补充曲目（　　）

与教材无关，仅仅教学课外曲目（　　）

7. 如果推行“器乐进课堂”，您会在一节课上用多少时间进行器乐教学？

5分钟（　　）　10分钟（　　）　15分钟（　　）

20分钟（　　）　整节课（　　）

8. 如果开展器乐教学，您愿意尝试怎样的教学模式？

课堂教学（　　）　课外第二课堂、社团或兴趣班（　　）

社会机构培训（　　）

9. 对于口琴演奏技巧，您是通过何种途径获取的？

自学（　　）　参加培训项目（　　）

参加口琴教学基地（　　）

10. 您认为口琴学习的难易程度是：

简单易学（　　）　无法掌握（　　）　可以尝试边学边教（　　）

学生调查问卷

1. 你是小学几年级学生?

一、二年级学生(　　)　三、四、五年级学生(　　)

2. 你喜欢学习乐器吗?

喜欢(　　)　不喜欢(　　)

3. 如果音乐课堂上学习乐器,你喜欢哪一种?

口琴(　　)　口风琴(　　)　竖笛(　　)　巴乌(　　)

葫芦丝(　　)　其他(　　)

4. 如果音乐课堂上学习乐器,一节课上你喜欢用多少时间来学习?

5分钟(　　)　10分钟(　　)　15分钟(　　)

20分钟(　　)　整节课(　　)

5. 如果音乐课堂上学习乐器,你想演奏的曲目是:

与教材相关的(　　)　与教材相关并添加各类补充曲目(　　)

与教材无关,仅仅学课外曲目(　　)　流行歌曲(　　)

6. 你是否想参加学校的器乐类的社团或者兴趣班?

是(　　)　否(　　)

7. 你希望指导老师有怎样的专业素养?

非常专业(　　)　边学边教(　　)　无所谓(　　)

8. 如果购买乐器,你的家庭能承担多少费用?

20～50元(　　)　50～300元(　　)　300～2 000(　　)

2 000～5 000元(　　)　更多(　　)

9. 你每天愿意花多长时间练习乐器?

5分钟(　　)　30分钟(　　)　1小时(　　)　更多(　　)

10. 你有没有欣赏过器乐演奏的音乐会?

有(　　)　没有(　　)

五、国内外口琴教学现状

在国际上，器乐教学也有成功范例，如日本的铃木教学法、德国的奥尔夫教学法等，都体现了器乐教学实践的可行性和必要性。在马来西亚举行的国际性亚太口琴比赛中，来自世界各地的演员演奏各种形状的口琴，配上手风琴、口风琴、打击乐器、鼓等乐器，音色非常和谐；在口琴与其他乐器如打击乐器的配合中更能体现合作的魅力。国际上的器乐教学研究不断更新，在交流、互动中能得到更多的先进理念和实践意义。

在国内，尽管口琴教育的普及程度还不是很好，做得好的学校也不算太多，但是也有像杭州市刀茅巷小学那样人人都会吹口琴的学校。他们不但要求每个孩子学习吹奏口琴，还在学校建起了口琴博物馆，以直观的实物展示，让孩子全方位了解口琴发展的历史沿革。在上海市的浦东新区也有一些像崂山东路小学、建平西校等的学校，他们以口琴教学为艺术教育的突破口，长期坚持课外兴趣小组与音乐课堂教学相结合的方式，在普及口琴教育的同时又有所提高，形成了自己的艺术特色。但是在国内当前的器乐教学中，口琴并不是作为绝对的主流而存在，与竖笛比较起来丝毫不占优势，在上海还远远落后于口风琴。口琴教学的普及程度远远不够，学校领导、音乐教师以及学生和家长对于口琴的认识与重视程度都有所欠缺。

实际上，孩子们在乐器学习的选择中，大部分都选择了大件的较昂贵的乐器，如钢琴、小提琴、古筝、二胡等乐器，口琴似乎已被社会音乐教学遗忘，如果哪一个孩子想学习口琴，甚至很难找到专门的培训机构或者老师，网络上的一些基础课程与视频，也是各有各的欠缺。此现象必须引起我们音乐教育者深思，所以应在音乐课堂中适时地进行口琴教学，并将尽可能多的合作方式渗透到教学中，使学生具备一定的自主学习能力。

第二节　研究的目的、意义、目标、内容和方法

一、研究的目的

在竞争激烈的现代社会，团队合作越来越被人看重。合作能力也被认为是一个人最重要的素质之一，能够影响人的一生。学生合作意识越来越受到相关研究者的重视，学生合作方面的相关研究也为掌握学生合作学习的本质提供了有益的借鉴。因此，本研究旨在在培养学生口琴演奏能力的基础上激发和培养学生的学习兴趣，树立学生的自信心，发展学生的能力和合作精神，培养学生的观察、记忆、思维、想象能力和创新精神，引导学生学会主动配合、分工合作、协商解决问题、协调关系等，为培养学生的合作能力提供一个合适的平台。

二、研究的意义

口琴以其音色优美、简单易学、携带方便和经济耐用等特点而受到人们的喜爱，随着素质教育的推进和深入，《上海市中小学音乐课程标准解读》、施良方所著《课程理论——课程的基础、原理与问题》以及当今世界中小学音乐教学法——德国的“奥尔夫教学法”、美国的“综合音乐感教学法”等都将器乐教学作为重要内容，认为器乐教学可以培养学生学习音乐的兴趣，激发学习动机。我国《全日制义务教育音乐课程标准（实验稿）》也指出：器乐演奏对于激发学生学习音乐兴趣，提高对音乐的理解、表达和创造力有着十分重要的作用。器乐应与唱歌、鉴赏、创造等教学内容密切结合。课堂乐器应易学易奏，便于集体教学使用。作为学具，口琴体积小，携带方便，吹奏要求易于达成。在小学音乐实践活动中，通过口琴吹奏，在模仿、视奏、创编、自编、综合表演过程中，学生不仅可以认识口琴、了解口琴，感受口琴吹奏的乐趣，提高其音乐审美能力，更可以提高口琴吹奏水平，并学会更好地与他人相处、合作，提高合作表演能力。

三、研究的目标

通过对基本吹奏方法的掌握、视谱吹奏能力的培养、即兴创编与和声伴奏能力及综合表演能力的提高，激发学生学习兴趣，调动学生参与口琴学习的积极性。通过解决音高、节奏、气息等基本问题，帮助学生控制气息、稳定节奏，在集体活动中能与其他同学合作，帮助学生树立合作意识，处理好吹、演、奏等之间的关系，培养学生的合作表演能力，提高学生与他人合作的能力，帮助学生在将来的社会活动中找准自己合适的角色，能密切有效地与他人合作，成为全面发展的人才。

四、研究的内容

（一）通过模仿法进行基本的吹奏训练，培养学生的吹奏能力

很多学生刚一接触口琴，就迫不及待地拿起来吹出声音。利用学生的这个心理特征，教师可以先让学生学习口琴的吹，因为学生更容易掌握吹的能力，在吹出声音后，练习一下匀称的气息，让吹出的声音能够稳定而有力，但不是啸叫，利用模仿法将听到的音进行模拟吹出来，随后再讲口琴上sol、mi、do这三个音，并让学生与老师进行旋律接龙，这样一下子就能引起学生的学习兴趣。在低年级学生尚未认识乐谱的情况下，教师通过模仿法，将手心向上表示吸，手心向下表示吹，在练习音阶的过程中，将音阶的排列通过教师的手势提示正确地吹奏出，在师生对吹对奏的情况下，学生学会基本的音阶和换气呼气的方法，为视谱学习打好基础。

（二）训练学生自主视谱能力，提高学生的吹奏能力

在一年级的下半学期，学生通过字母谱认识了部分歌谱，此时加入课外的《粉刷匠》《划小船》《欢乐颂》之类跨度不大的乐曲，学生就能在自主视谱的情况下学习吹奏简单的乐曲；在三年级后，学生掌握了五线谱上各个音的位置，在《乃哟乃》这首歌曲中，通过教师钢琴演奏前半乐句，学生口琴接龙后半乐句sol、mi、do这三个音，在吹奏熟练后，将教师演奏

的不按顺序的sol、mi、do这三个音吹奏出来，直至学生通过自主视谱熟练地将歌曲旋律吹奏出来。

（三）运用创编法进行旋律的重复与模进，培养学生的合奏能力

在小学一至五年级的教材中，有很多歌曲中会出现旋律的模进、重复和相似的部分，既有利于学生的视谱能力的提高，又可以让学生适当进行旋律的创编，并为旋律配上和弦，形成合奏的效果，培养学生欣赏和声的水平，提高学生的合奏能力。其中有的歌曲如《钟声》《黄昏》《可爱的家》进行轮奏、二声部合奏，效果和谐又美妙。而且三度和谐的音程，在口琴的中音区非常容易合成，学生在吹奏旋律的过程中，掌握了旋律的进行方向，就能通过模进、重复、相似创编旋律，并为主旋律编配和声。

（四）自编和声进行多声部配合演奏，提高学生的合奏表演能力

口琴学习时间久了，不同学习能力的学生会自然成为不同吹奏能力的学生。针对不同层次的学生，教师可以适当进行多声部和弦的创编及多声部其他乐器的合奏，可以让部分学生吹奏主旋律，部分学生吹奏柱式和弦，部分学生吹奏乐句的单音并做延长处理，部分学生自己编配难度较大的，其他补充声部等，这样可以使不同能力的学生在口琴吹奏中找到自己最合适的地方，在多声部的合奏中提高合奏表演能力。

（五）与其他器乐合奏，培养多重合作表演能力

口琴的基础学习中，比较适合简单的曲目，方便教学，但是在演奏难度较大的曲目时就会感觉音域不够宽，音色不够丰富，所以在大型的曲目练习中，可以加入手风琴、口风琴之类音色相近的乐器，为了丰富表现力，可以适当加入打击乐器，并吹奏低音口琴起低声部伴奏作用，这样形成的合奏方式比齐奏方式更受学生喜欢。

（六）通过综合表演，提高整体合作表演能力

我们经常会在综艺节目上看到，口琴演奏和诗朗诵、经典诵读联系在一起，悠扬的琴声营造悠远清新的场景，使得人们流连忘返……在综合艺

术表演的过程中，观众和演员之间有更多的乐曲背景、演奏形式的交流，引起大家对曲目的共鸣。如《天空之城》的旋律学生耳熟能详，他们乐于参与各类表演；《平安夜》在圣诞节、迎新年活动中都能用唱、奏、演、创、编等各种形式表现出来。

五、研究的方法

（一）文献研究法

我们在研究过程中学习和借鉴了国内外已有的相关论著。例如，由陈宜男著、上海音乐出版社出版的《新编少儿口琴入门》，由蔡萍主编、首都师范大学出版社出版的《小学器乐教学法》等。此外，我们还利用现代信息网络手段广泛收集国内外相关口琴进校园研究成果。在本次研究过程中，课题组全体成员依据本次研究的主课题以及各自承担的分课题，有的放矢地找寻与自己研究方向接近或者类似的教学资料，来充实自己的理论与实践能力，寻找空白点与突破点。

（二）经验总结法

我们基于以往口琴教学的实践，总结经验、吸取教训，并在研究过程中不断总结新经验，通过总结、验证、提炼加工等途径，保证课题研究资源得到最大限度的开发和利用，使获取的经验既有科学性又有代表性和普遍意义，使本次研究的成果具有在学校推广的价值。

（三）行动研究法

库尔勒·勒温将行动研究法定义为：行动研究是将科学研究者与实际工作者之智慧与能力结合起来以解决某一事实的一种方法。本次课题的参与者，既是科学研究者同时也是实际工作者。我们在研究中坚持理论与实践相结合，在行动中研究，在研究中行动，不断总结研究成果，进行阶段性小结、调整，完善研究方案。

（四）比较借鉴法

在小学器乐进课堂的乐器中，口琴、竖笛、口风琴等乐器都占有一定的比例。在除了口琴之外的其他器乐进入课堂后，教师们也积累了相当多的经验和成果。在本次研究过程中，我们也通过比较口琴与其他乐器的相同点和不同点，找出口琴教学的自身特点，适当借鉴、合理利用。

第三节 实施的方法与手段

一、激发学生学习兴趣，培养学生口琴基本吹奏能力

（一）开设口琴准备课，激发学生学习兴趣

在口琴准备课上，教师为学生讲解口琴的构造、口琴的种类、口琴的保养方法、吹奏口琴时的基本持法与姿势、口琴的吹奏姿势及口型、口琴上的音区分布，并且讲授学习口琴的注意事项，例如清洁卫生及不随意吹奏等要求，让学生对口琴有基本认识并产生学习兴趣，以使口琴教学正常开展。

（二）根据学生年龄特点，分阶段教授口琴基本吹奏能力

按照学生的年龄特点，在低年级的口琴教学中，教学生运用吹、吸学会中音区do到sol的各个音的吹奏，并能通过气息控制进行跳跃与连贯的区别吹奏，也能进行相邻两个音的连吹、连吸。教授中年级学生在低年级基础上学会从低音区sol,到高音区do′的各个音的吹奏，吹奏教材歌曲或欣赏乐曲的部分旋律，并能在课外自主寻找乐曲，例如音域跨度不大的世界名曲，充实教材的乐曲数量与质量。应尽可能提供机会满足学生口琴吹奏的表演欲望，如在课堂上进行口琴小曲的单独演奏，在家庭聚会上展示口琴演奏的小曲目，等等，而且学生自主寻找到的乐曲吹奏起来兴趣更高，有利于学生口琴学习兴趣的培养。高年级学生不仅应学会从低音区sol,到高音区do′的各个音的吹奏，还应将高音区的re′、mi′学会，并能根据口琴音阶图自主探索更多的音，能尝试和弦法、手震音、颤音演奏法等，将教材中部分歌曲完整吹奏出来，将欣赏乐曲的部分主题进行吹奏练习，在口琴学习的音乐实践活动中，分阶段掌握基本的口琴吹奏能力。

二、培养学生对口琴的多种吹奏能力,提高合作表演能力

在学生掌握了一定的口琴基本吹奏能力后,要加强学生的视谱吹奏能力,提高学生的音准能力,训练学生即兴的旋律创编及各类和声的创编能力,为合作表演增加表现手段,提高音乐综合表现能力。

(一)培养学生的视谱吹奏能力

学生在掌握了一定的口琴基本吹奏能力后,对于平时耳熟能详的小乐曲就会非常有兴趣,如:《闪烁的小星》《洋娃娃和小熊跳舞》《粉刷匠》《小步舞曲》《康康舞曲》等世界名曲。学生会在自主视谱的情况下,把握正确的节奏,吹奏出正确的旋律,运用速度及各类音乐要素的处理来进行吹奏,这样就在口琴吹奏的学习过程中,提高了视谱吹奏能力,为合作表演奠定了一定的基础。

(二)提高学生的音准、视唱能力

在学生视谱吹奏乐曲的过程中,具有固定音准的口琴给学生以良好的音准感受,如大跳的八度音程、大六音程及四度、五度和声等,这些在平时的歌唱学习中学生很难一下唱准。学生学习口琴吹奏后,能较快理解口琴中音区各个音之间的关系,这些有规律排列的各个音通过口琴吹奏旋律,能在听觉上给学生以正确的音高概念,通过吹奏、听赏、视唱,提高了音准能力,视唱也就迎刃而解了。所以口琴吹奏过程不仅提高了学生的音准能力,同时解决了视唱的难点,提高了学生的音准、视唱能力。

(三)培养学生的即兴创编能力

在歌曲教学中,如教材中的《钟声》《哦,十分钟》《黄昏》等都有模进的旋律创作方法。让学生用口琴来感受模进的旋律创作方法更有利于学生的音准及即兴创编能力的提高。学生在口琴上创编后进行哼唱,一下就解决了音准,而且体验到了创编的兴奋——原来自己也可以创编出和作曲家创编的一样好听的旋律。同样,很多歌曲、音乐欣赏的主题旋律经常用到旋律模进、重复或相似的旋律创作方法,学生可以根据平行创作的

方法来创编低声部、高声部，自主创编长音的伴奏声部，在尝试创编的过程中既体验到创编的快乐，培养了即兴的创编能力，又丰富了合作表演的方式，取得良好的合作表演效果。

（四）培养学生的和声伴奏能力

小学生还不具备一定的和声基础，在教学中我们可以告诉他们哪些音放在一起好听，哪些音放在一起不和谐，让他们在简单的小乐曲伴奏的创编中初步尝试三和弦伴奏。为降低伴奏难度，三和弦可以分解成三组或者两组来伴奏，如do一组，mi和sol一组，这样也可以达到三和弦的音响效果。还可以进行错开声部的旋律伴奏，形成旋律和弦；也可以将do、mi、sol三个音同时吹，re、fa、la三个音同时吸，加上节奏，创编柱式三和弦为单音伴奏，以丰富音效，培养学生和声伴奏能力。

（五）培养学生多种口琴吹奏能力，提高学生合作表演综合能力

在单音吹奏、和声伴奏、高低声部创编的旋律等丰富的音效情况下，再加上打击乐器伴奏以及律动舞蹈动作的配合，可以适当培养学生的表演空间感，使学生的合作表演综合能力在乐曲中得到实践与提高。例如在演奏《土耳其进行曲》第二主题时，可以用口琴吹奏三声部（主题旋律、长音配伴奏、三和弦配伴奏）来进行和声处理，再加上踏步律动、打击乐器伴奏、教师钢琴演奏来形成合作演奏。由于第一主题有临时变音记号，学生吹奏无法完成，可由教师钢琴演奏第一主题，学生合奏第二主题，教师演奏快速流畅的第三主题进行合奏，使学生在演奏过程中享受到合作的快乐。

三、引导学生多种感官联动，提高学生的合作表演能力

音乐是听觉的艺术，在口琴学习过程中，需要学生多种感官参与联动，促进学生眼、耳、口、手、脑等多种器官协调发展，使学生在综合能力和综合素质等方面得到培养与锻炼，这样才能更好地吹奏乐曲、理解乐曲、表现乐曲。首先，在教学一首乐曲前，先让学生通过听赏来感受乐曲的情

绪，以决定乐曲的吹奏方法。如活泼欢快的乐曲需要用跳跃、停顿的方法来表现，抒情柔和的乐曲需要连贯的气息支撑以表现乐曲的流畅起伏。其次，要考虑合适的合作表演方式，例如，是进行高低声部的和声演奏还是错开声部的轮奏，还是加上合适的打击乐器创编的节奏型，等等，通过律动、舞蹈、歌唱及打击乐器伴奏等合作表现乐曲，提高学生的合作表演能力。

（一）听觉领先、身体律动

每首乐曲所带给人们的感受不同。可让学生先在听赏过程中适当进行身体的律动来感受音乐，了解乐曲的情绪、节拍等，在听觉与肢体联动的情况下听辨出乐曲的情绪、速度、节拍等基本情况，随后视谱，将主旋律通过口琴吹奏出来，这样通过耳（听觉）、眼（视谱）、身（律动）、口（吹奏）的联动才能将乐曲正确地吹奏出来。

（二）吹奏主旋律、创编伴奏

学生学会吹奏主旋律后，就要开动脑筋来参与伴奏的创编。活泼欢快的乐曲一般用密集的节奏来伴奏，抒情优美的乐曲较多用长音来伴奏，在学生眼、口、脑的配合下，采取即兴创编伴奏形式，用口琴吹奏、打击乐器伴奏、肢体律动来完成合奏，多种感官联动参与，提高了合作的表演效果。

（三）歌唱舞蹈、合作表现

学生口琴吹奏及打击乐器伴奏的合作表演形式还可以通过与歌唱、舞蹈、角色扮演等丰富的合作表演方式来表现歌曲或乐曲。教师可以充分发挥学生的各类特长，既可以让学生边歌唱边用打击乐器伴奏，也可以让学生边吹奏口琴边踏点舞步或者打节拍来表现乐曲，还可以让学生边与其他人合作摆造型边律动来合作表现，多种感官联动，提高合作表现能力。

（四）队形创编、丰富表现

口琴体积小、轻便，所以学生在吹奏时可以尝试律动及踏步的行进表演形式。学生在吹奏时可以通过律动与身边的伙伴合作创编队形，在行进的过程中吹奏，运用多种器官联动，丰富队形的创编，及时调整与他人合作的位置，提高合奏表演时的表现力。

四、引导学生正确处理音乐各要素，培养学生综合表演能力

每一首歌曲或者乐曲要经过对各类音乐要素的处理才能表现其更丰富的情感。在教授用口琴吹奏歌曲、乐曲时，要引导学生适当进行速度、力度的处理，美化音色，控制音量，在演奏过程中注意各类音乐要素的对比与变化，将各类音乐要素进行合理的处理，丰富演奏的音效，以培养学生综合表演能力。学生在初学口琴吹奏基本技能时，往往会使劲吹出声音以得到满足，殊不知这样的声音是噪声而非乐音。在一开始的口琴教学准备课上，教师可满足学生的学习探究需求，让学生在口琴的最左处和最右处各大声吹出声音来，让学生探究出哪端是高音、哪端是低音，并要求学生自己做好记号，以后一拿起口琴就能拿准高低位置——左低右高。然后再来教授吹的音，如do、mi，抽部分学生比较怎样才能吹出动听悦耳的音色。通过实践与探究，在审美的引导下，学生会用跳跃、断音、连贯、连音等方式吹出部分单音，掌握基本的口琴吹奏技能，并在此基础上做相应的力度、速度及各类变化处理，以丰富合奏的音响效果。

（一）力度处理

如同歌曲演唱处理一样，吹奏乐曲或歌曲的旋律时，加上一定的力度处理，是学生提高综合音乐表演能力的基础之一。如演奏《军队进行曲》时，引子部分需要用极强的力度来表现坚定有力的步伐、整齐的队列，表现出整装待发、威武雄壮的军队气势，而主题一这部分需要较弱的力度来表现轻快活泼的音乐形象，表现士兵们迈着整齐、轻快的步伐前进。在不同主题交替出现时以不同的力度来演绎不同的音乐形象，增加了乐曲的音乐表现力；学生在学习吹奏主题旋律后学会运用不同的气息来进行力度处理，他们会发现演奏变得更有意思了，对于音乐所要描绘的意境也更能理解了，从而使口琴吹奏能力和表现音乐形象的

能力也得到了提高。

（二）速度处理

小学生吹奏口琴的乐曲难度及音域的跨度不能太大，所以对有些简单的旋律进行适当的速度处理，能表现出丰富的音乐形象。比如贺绿汀先生的《森吉德玛》，旋律简单，运用五声音阶及不同的速度，以旋律的不断重复出现来表现其丰富的音乐形象，会使其成为学生乐于参与演奏的一首乐曲。在吹奏慢速的旋律时，需要良好的气息支撑，用连贯柔和的情绪描绘出辽阔的草原和美丽的少女森吉德玛的曼妙形象；吹奏速度稍快时可以让人感受到草原热闹、喜悦的场景，表现人们欢歌笑语欢聚草原的节日情景；在吹奏速度非常快时表现出草原上策马奔腾、欢快激昂的热闹景象。在用不同的速度处理同一旋律时，要考虑到学生学习能力的不同：有的学生适合吹奏慢速的部分；有的学生可以承担稍快速度的旋律吹奏；速度极快的地方，教师可以用钢琴与学生合作表演，降低学生的吹奏难度；对旋律的大跳及密集节奏的地方，教师应适当进行指导并加强练习，从而使学生达到一定的熟练程度。如此，在生生互动、师生互动中进行速度处理，才能达到最佳的音乐表现力及和谐的合奏效果。

（三）变化处理

每首乐曲或歌曲所要表达的情绪不一定是一成不变的。小学生接触的乐曲有时候是两段的，有时候是三段的，既有带反复的三段体式，也有加上引子部分、结尾部分的乐曲，所以在口琴吹奏表演过程中，应随着乐曲的不同部分进行适当的力度变化、速度变化等处理，塑造丰满的音乐形象。例如吹奏三年级歌曲《钟声》时，可指导学生运用力度处理，先用渐强来表现远处的教堂钟声轻柔、悠远的意境；随着暮色渐近，人们在钟声里回到温暖的家庭，这时采用渐弱的方式，使钟声萦绕在晚归的人们心中，留下无限的回味。在乐曲的开始部分加上渐强的力度处理，在结束部分加上渐弱的力度处理，这样的力度处理使得好像教堂的钟声先由远渐近，慢慢响起，然后在人们的祷告声中辉煌响起，而随着夜色的降临，钟声又逐渐变弱，好似回荡在辽阔的原野，弥漫在人们的心中。这样的力度变化处理，不仅要求学生能运用气息控制吹奏的力度，而且要控制好渐强与渐弱的力度变化。在吹奏过程中，学生往往能够吹出强的力度，而弱的力度需要更好的气息来支持。力度变化处理时，需要学生有较强的气息控制能力，渐强与渐弱时不能一下强一下弱，而是需要控制气息进行慢慢的变化处理才能很好地表现乐曲，所以通过这样的练习可以提高学生的综合表演能力。另外，力度的对比处理也是一个非常好的训练方式。例如演奏《康康舞曲》时，由于此旋律为世界名曲，已经被改编成各种演奏版本，学生对于主旋律非常熟悉，可在对主题旋律熟练吹奏的情况下，进行速度的变化处理。快速时表现出幽默诙谐的音乐形象，慢速时表现出哀叹悲伤的音乐情绪，在速度变化处理的过程中进行对比处理，学生演奏起来会觉得更有意思，所表现的音乐形象更丰满。学生在口琴吹奏中将自己塑造的音乐形象进行表现，学习兴趣极高，同时也提高了学生综合的口琴吹奏表现能力。

（四）音量处理

在乐曲处理中适当调整乐器的数量、种类，可以形成不同的音量，同样的旋律运用不同的音量可以表现出不同的音乐形象。不同的音量可以通过参加吹奏的人数来控制，有些乐曲甚至需要单独的一个人领奏。如《春雨》的引子与结束部分旋律是相同的，像这样的部分可以让部分学生进行吹奏，以此表现出抒情、细柔的春雨润物细无声的音乐意境，歌曲主体部分再由全体同学一起吹奏，表现各类植物、动物在细雨中快乐成长的欢快情绪，由此由乐器的数量的对比而产生的不同音量，效果非常明显。

（五）音色处理

由于学生吹奏口琴时的口型不统一，会产生不一样音色。复音口琴吹奏时，学生口型没有摆正的话，吹奏单音时会吹奏出杂音，这就要求学生学会正确的口型，调整口型并摸索每个单音的位置，以正确地表现旋律。需要出现三和弦时再来练习和弦，提高学生演奏的准确度。

另外，口琴的种类不同，吹奏出的音色也不同，不同调的口琴在不同音区演奏出的音色也各不相同。在吹奏某些特定的乐曲时，可以将各类口琴有机组合，表现不同的乐段，丰富口琴表演的音色效果。

五、实施分层教学，满足不同学生的学习需求

由于学生学习能力各不相同，在口琴教学中开展分层教学，有利于发挥学生个性，更好地合作。教师可以课堂教学为基础，每个年级开展口琴教学实践与研究，在教学中根据学生特点因材施教，发挥特长，将不同学习能力的学生进行组合，在音乐课堂上进行口琴教学基础课程学习，在口琴社团活动时提高演奏技巧，对不同学习能力的学生开展分层教学，可以满足学生的表演需求与表现欲，培养学生合作表演能力。

（一）音乐课堂教学

在音乐课堂教学中，教师应根据学生的年龄特点及教材内容进行口琴基础教学，使学生能在课堂教学中掌握一定的口琴吹奏基础，提高学习兴趣，让学生认识、了解口琴，感受口琴吹奏的乐趣，提高学生的口琴吹奏水平，使学生在学习的过程中更好地学会与他人相处、与他人合作、团结互助的合作表演能力。

教师可以开设口琴教学准备课，让学生了解口琴的基本知识，掌握基本的单音练习，吹奏简单乐曲。然后，进行分层单音练习，让学生分层掌握不同的演奏技巧，不同学习能力的学生再通过教师设计的分层单音练习，发挥学生个性，将各类能力进行有效的组合，进行不同程度的合作吹奏，形成良好的、有效的合奏效果。最后，通过集体表演的形式进行分组，比如主旋律组、单音组、和弦组、打击乐器组等，还可以加入指挥、歌唱组、律动表演组，充实表演形式，满足各种能力的学生。在演奏过程中，教师

可以和学生互动,加入钢琴演奏组,将学生在口琴上无法吹奏出的临时变音在共同演奏中进行解决,以丰富口琴吹奏的表演形式,提高学生的合作表演能力。

（二）组建口琴社团

在音乐课堂上学习的基本单音及旋律伴奏形式并不能满足学习能力强的学生的学习需求,因此,可在学校社团活动中由学生自主报名参加口琴社团,教师在口琴社团中进行更多更高层次的口琴吹奏能力的教学。在教学过程中,根据学生不同学习能力,再进行分层教学,教授各类吹奏方法,设计各种合奏乐谱,增加口琴种类,丰富合奏音效,达到更好的合奏效果。

（三）课外延伸

在课外辅导课上,学生可以通过辅导,延续课堂及社团的学习。这样,学生在家庭聚会时可以一展口琴演奏的一技之长,体会到更多演奏的乐趣;在学校今后的社团活动、各类各层次的展示活动中,可以担任领奏或者单独承担一个声部的演奏;在班级的合作演奏中,也可以发挥独特的表演能力,将大部分学生的演奏融合在一起,丰富演奏的曲目并提高演奏的综合水平。

六、在吹、奏、演中提高口琴教学的有效性

有效教学从广义上来说是“有效地促进学生发展,有效地实施预期的教学效果的教学活动”。音乐教师作为课堂的主导者,应以学生为主体,对学生进行有效的吹、奏、演的组合训练,实现口琴教学的有效性。

在口琴吹奏的过程中,学生需要处理多种关系,比如吹（口琴的吹奏）、奏（其他乐器的伴奏）、演（律动、舞蹈、语言类表演）等活动形式的分配比例。教师根据丰富的教学实践经验在学生合作表演的过程中帮助学生处理好这些关系,才能使表演获得最佳效果,实现口琴教学的有效性。

（一）合作表演的分组形式

学生在学习过程中各有所长，有的通过一定学习过程后就能将完整的旋律吹奏出来；有的可以吹奏出单音、三和弦；有的能够和其他学生合作吹奏出组合和声；有的歌唱能力特别强；有的通过舞蹈、律动、摆造型来表现音乐；有的喜欢用打击乐器为乐曲伴奏；有的想做个小小指挥家，在音乐声中为大家指挥速度、力度及变化的处理……通过学生的自主选择，在每一首歌曲或者乐曲表演中，口琴吹奏旋律组、歌唱组、舞蹈律动组、打击乐器组、指挥等各种分组表演形式有机组合，进行有效的合作表演。

（二）合作表演的分组分配

教师可以在分组分配表演任务时根据发挥特长、互补互助这两个原则进行调整与分配，及时做好普及与提高。这样既有利于学习困难的学生积极向有特长的学生靠拢，起到良好的互补作用；又能在演奏或者展示活动中，发挥特长学生的作用，让他们进行领奏或者单独表现难度较大的旋律部分，有机整合各种能力水平的学生，提高乐曲合奏的水平。

（三）合作表演的人数分配

在学生自主选择表演形式时，他们往往会一窝蜂地选择同一种表演形式或者集中在几种表演形式上，为了解决这一问题，教师可在让学生尝试演奏、合奏效果后，适时调整分配人数，以实现最佳的人数配备及表演形式的合理化，从而提高合奏效果。同时在达到良好的合奏效果后，教师应及时指导学生合作表演时如何进行自主选择，让学生明白挤在一个或者几个表演队伍中，会影响合奏的表演效果，只有合理的人数安排和恰当的形式组合才能使合奏达到最佳效果。这一过程也在无形中提高了学生的音乐审美能力。

（四）合作表演的伴奏选择

在合作表演中，很多学生愿意做主角，在口琴吹奏表演过程中，也有很多学生只愿意吹奏主旋律。要取得良好的合奏效果，教师应引导学生正确认识主角与配角、主旋律与伴奏的关系，并提高伴奏形式的多样性，增加伴奏形式的趣味性，培养学生参加伴奏的兴趣和积极性，丰富伴奏效果。

（1）长音伴奏：演奏每个小节的第一个音，与小节中其他音程形成和声。

（2）单音加适当的节奏：同音反复，为主旋律伴奏，增加音效。

（3）三和弦伴奏：运用复音奏法，吹奏主音时接着吹奏三和弦，丰富和声。

（4）手震音方法：左手大拇指和食指夹住口琴，中指托住口琴，右手中间为空心，吹奏时右手很快地震动，形成手震音。

（5）与其他同学合作产生丰富的和弦：比如一组吹低音 sol,，另一组吸 si,、re，形成属和弦，这样既可以降低学生吹奏和弦的跨度，又可以让学生协作完成和弦伴奏。

（五）合作表演的评价方式

对学生的表演进行及时评价有助于提高学生的评价能力和综合表演能力，从而为以后的合作表演做有效的探索。运用从美国哈佛大学理解课程中获得的多角度、多纬度的持续性评价方式及时评价学生的表演，是提高学生合作表演能力的良好方式。持续性评价中的评价者有专家、教师、学生，评价的方式有自评、互评，这样的评价方式改变了以往对学生的单向的评价，成为多角度、多方位、多层次的多维评价，使学生在课堂上的表现能够及时地得到评价，并随之做出即时的反应，从而培养学生合作学习意识，提高合作表演能力。在口琴合作表演过程中，学生既是观察者，又是评价者，所以对自己小组的同学也提出了更高的要求，根据其他同学提出的建议，能及时地注意自己与同伴之间的配合，既丰富了评价的方式，又提高了学生的合作表演能力。

此外，在组合表演、合作表演过程中要实现有效教学，还应该注意更多的教学细节。演奏中的高低声部的位置、站位、队形、队列的变化、空间的合理利用、配合与协作的方式等都是提高组合表演有效性的综合因素。

第四节　研究拟解决的关键问题和创新之处

一、运用听赏法，培养学生正确的气息吹奏能力

对刚刚接触口琴的低年级学生，教师可以利用学生好学、多动的特点来进行引导，让他们在中音区移动着吹，直到学生可以连起来吹出sol、mi、do这三个音，然后可以结合低年级歌曲《小雨沙沙》中的前奏：沙 沙 沙沙；沙 沙 沙沙来吹一吹，不管孩子们吹的是sol、mi还是do，这三个音在一起是个和谐的大三和弦，再正确地吹奏sol mi | sol mi | do do do | do do do ||。学生对于能吹奏出歌曲中的一个乐句是非常兴奋的。接下来可以以师生钢琴、口琴接龙的方式将《小雨沙沙》这首歌曲演奏完整。虽然学生连字母谱、五线谱都不认识，但是通过听赏法可以将歌曲进行完整的演绎。

除了吹的方法，还要掌握吸的方法。学生吹的气息可以稍微延长些，但是吸的气息是非常短促的，正好《小雨沙沙》中的re re re | re re re || 需要短促而跳跃地吸出来，教师可以让学生想象在饮料瓶里用吸管吸饮料的动作，不能一下子吸太多，要一小口、一小口地吸上来，学生找对感觉后就不会拼命地抖动肩膀而是自然地将气息运用自如了。

在学会吹和吸的方法后，可以让学生将歌曲《小雨沙沙》进行合作表演。将学生分成三组，每个组吹一个音：一组吹第九格的do；一组吹第十一格的mi；一组学生吹第十三格的sol；前奏及尾声部分由三组同学和教师钢琴演奏和声；部分学生吹奏第一乐句，部分学生吹奏第二乐句；教师钢琴演奏第三、四乐句。学生通过听赏法，掌握了正确的气息的吹奏

方法。在合作演奏中,学生不仅掌握了吹和吸的气息,而且提高了学习的兴趣。

二、运用竞赛法,提高学生个人吹奏能力

竞赛法不仅可以提高学生学习的兴趣,还能使学生在学习过程中有效地检验自己的吹奏能力,培养与他人合作的意识。如《闪烁的小星》第一乐句中从do到sol就是一个大跨度,为检验每个学生吹奏的跨度是否正确,教师可以将学生分成大组、小组、男女生组等,通过组与组之间、男女生之间的比赛,让学生主动吹奏给大家听。通过这样的检验,让大多数学生在小组中共同进步,小组成员监督彼此的正确性,提高学生各自的口琴吹奏能力,为合作表演、合奏活动打下坚实基础。

三、运用模仿法,提高旋律创编能力

在学生掌握了一定的吹、吸方法后,教师可以将中音区的各个音的排列规律告诉学生,do—la按照吹—吸—吹—吸—吹—吸的规律来排列。例如,在歌曲《我的小宝宝》中两个乐句之间是模进关系,所以学会第一乐句的吹奏后,用同样的吹奏方法来移动口琴吹奏第二乐句,学生会惊喜地发现,第二乐句和第一乐句的吹奏方法是一样的,这样连起来吹奏非常方便、连贯,吹与吸的气息也很容易掌握,并且这样三度和声的乐句在一起吹奏,能够达到很好的和声效果。

很多短小的世界名曲经常会用到旋律的模进、旋律的重复等创作方法。在《洋娃娃和小熊跳舞》《小红帽》《钟声》《愉快的梦》等歌曲中,只要掌握其中一个乐句,在自主创编中,学生就可以既享受与作曲家同步的乐趣,也加强吹、吸同样气息的练习,还能提高旋律的连贯性。在歌曲《钟声》中,就可以让学生用这样的方法学习歌曲旋律,并用相同的方法进行旋律的创编,再进行轮奏,形成和声音效。还可以在此基础上进行三声部轮奏,通过口琴吹奏提高学生的歌唱音准,在音准、气息连贯的前提

下,进行轮唱、轮奏、打击乐器伴奏、口琴钢琴演奏等方式的合作表演。

四、通过自主探究,培养学生的合作表演能力

由于学生掌握口琴吹奏基础的能力各不相同,在综合表演中可以让学生根据自身的能力进行自主探究,有机组合,形成综合表演形式,提高学生的合作表演能力。可以让部分学生创编伴奏音型,部分学生吹奏主题旋律,部分学生打击乐器伴奏,部分学生形成歌唱组、舞蹈组来进行表演,相信每个孩子都会自主找到适合自己的表演方式。在学生掌握各类表演能力后,在校园艺术节、敬老活动、社区展示及各类展演活动中创设展演氛围,搭建展示平台,使学生的合作表演能力得以释放与展示。通过这些活动,学生能够更好地感受、理解、表现、创造音乐,促进眼、耳、口、手、脑等多种器官协调发展,在各类活动中提高合作表演能力及综合素质。

第五节 研究的成效与意义

通过对小学口琴教学中培养学生合作表演能力的教学策略的研究,上海市浦东新区小学口琴教学实践取得了切实成效:学生增强了学习口琴的兴趣,养成了良好的吹奏习惯,提高了视谱学习能力和合作表演能力;教师改变了以往的教学观念,不再认为课堂上增加一个乐器的学习会增加教学任务,而是在丰富了教学内容、教学形式的同时提高了音乐教学的有效性。

口琴教学实践中的乐曲、歌曲皆源于教材,而非学生学习能力所不能达成的附加资料。教师深度挖掘教材资源,在教学实践中适当加入各类合作的形式,如分声部训练、打击乐器伴奏、其他乐器的合奏,以及歌唱、舞蹈与器乐合奏的合作表演的形式。在这些合作过程中,通过各种音乐

要素如速度、力度及变化处理，培养学生的综合表演能力，再通过让不同学习能力的学生进行不同难度的合作吹奏，形成良好的、有效的合作效果，从而提高学生的合作表演能力。这有利于学生提高与他人合作的能力，帮助学生在将来的社会活动中找准自己合适的角色，能在与他人密切合作的过程中树立终身学习意识，培养学生综合合作能力，使他们成为全面发展的人才。

第一章
小学口琴教学理论探究

让口琴走进学生的音乐课堂

为了丰富学生的审美情感体验，培养学生口琴的基本演奏技能，让学生在音乐实践活动中享受到美的愉悦，我校音乐教师把口琴教学引进了学生的音乐课堂，试图让优美的乐音传遍校园的每一个角落。

一、确定音乐课堂中口琴教学内容

俗话说得好："巧妇难为无米之炊。"在音乐课堂中开展器乐教学，首先需要系统的器乐教学教材内容，没有器乐教材就得根据学生的实际情况编写符合学情的校本器乐教材，而编写一本系统的小学器乐教材，不是一件简单的事情。

编写口琴教材的前提是选择口琴教学内容。为了使口琴教学内容和音乐课堂教学内容紧密结合，我校音乐教师认真学习了《上海市课标》上的相关章节，以期将其中关于器乐演奏的要求作为音乐课堂学生音乐素养综合表现领域的重要内容之一。在《上海市课标》中，感受与鉴赏、表现与创造等环节都渗透了器乐演奏的教学因素，于是如何围绕课程标准确定口琴教学的内容，是音乐教师应该思考的重要问题。

（一）精选世界名曲片段

由于低年级学生的吹奏水平有限，所以教师重点选择一些速度慢、旋律动听的世界名曲片段让学生练习吹奏。例如当二年级小朋友练习吹奏单音do、re、mi、fa、sol时，他们会感觉反复吹奏单音很枯燥，这时教师就可以教学生吹奏《玛丽有只小羊羔》。由于这首歌曲很多小朋友都会唱，而且深受学生的喜爱，所以进行口琴吹奏，学生的学习兴趣马上被激发了出来。

这样，在我校一、二年级的吹奏内容中，有60%的吹奏内容选自世界名曲片段，40%的吹奏内容选自小学阶段音乐教材上的教学内容，这不仅极大地拓展了学生的音乐视野，也提高了学生对名曲的熟悉度。

（二）有效利用教材

由于小学中高年级的学生吹奏技巧有了质的提升，所以我校音乐教师把吹奏内容跟音乐课程教学内容紧密结合在一起。

例如在教四年级第一学期第一单元的歌曲《我们大家跳起来》时，由于这首歌曲的旋律由八个音组成，而这八个音的单音吹奏学生都已学会，所以当学生学会歌曲的演唱后，教师就让学生小组自主练习歌曲旋律的吹奏，学生学习的方法也可以多种多样。大多数学生会根据自己已有的吹奏水平自主选择吹奏内容；有的学生选择拿手的几个小节进行吹奏练习，有的学生选择和小组同学接龙吹奏，还有的学生选择独自吹奏整曲……

由此，小学中高年级80%的吹奏内容选自小学阶段音乐书上的教学内容，20%选自世界名曲，使教材发挥了更大的作用。自主、多样化的吹奏方式既减轻了学生的吹奏负担，又提高了学生的吹奏兴趣；既普及了一定数量的世界名曲及片段，又有助于提高学生表现歌曲、乐曲的能力，达到事半功倍的效果。

二、音乐课堂中口琴教学的开展

口琴教学进课堂后，让学生在小学阶段始终对口琴吹奏保持浓厚学习兴趣，需要教师在教学时把握好循序渐进的原则。

（一）让低年级学生“唱”起来、“动”起来

对于小学低年级学生，要通过口琴吹奏培养音高概念。由于口琴具

有固定音高,且不需要复杂的演奏技巧,所以在唱游课中,老师让一、二年级的学生学会do到sol五个音的单音吹奏,学生通过念念儿歌、做做开火车的游戏练习吹奏。这个阶段以培养学生良好的吹奏习惯和激发学生的吹奏兴趣为主,让学生在有趣味性的教学环境中学会吹奏单音,并树立牢固的音高概念。有了相对的音高概念后,在学唱歌曲的视谱歌唱环节,学生的视谱能力提高了。在此基础上,用直观形象的节奏乐器辅助教学,可以丰富表演形式,提高学生的综合表演效果。

例如,选择两种打击乐器组成“好朋友”,让这两种乐器为吹奏的乐曲伴奏。在教学低年级歌曲《小雨沙沙》时,为了让学生充分体验小雨“沙沙沙”的节奏,教师就让“小铃”和“沙球”组成“好朋友”,教师边唱边碰响“小铃”,然后请一个学生用沙球表现小雨轻柔的声音,在师生的合作中完成了打击乐器伴奏环节。这样,学生的节奏感得到了培养,自信心和表演欲得到了提高,综合表演能力也得到了提升。

（二）让高年级学生“合”起来

学生由于学习能力不同,吹奏的水平也各不相同,为了让中高年级的学生始终保持对口琴吹奏的兴趣,教师应根据学生的吹奏程度和学生喜欢的歌曲、乐曲科学合理地安排口琴吹奏的教学进度,培养学生学习兴趣,提高口琴教学的实效性。

由于高年级的学生具备了一定的口琴吹奏能力,这时应该在吹奏形式上做一些改变,可以尝试从原来的单旋律齐奏转变到以轮奏、合奏为主。轮奏与合奏十分讲究同伴间的协调合作,因此学生的团结合作显得尤为重要。教学中,教师要引导小组内学有余力的学生关心、帮助学习能力较弱的学生,让他们及时改进问题并尽快跟上教师的教学节奏。声部间合作吹奏时,教师还要强调不同声部的相互配合,让学生在口琴学习中真切地体验到合作的乐趣。高年级的音乐课堂上会教一些合唱作品,合唱教学对没有经过声乐训练的学生来说是一个坎儿,许多学生都觉得很难逾越,而这时口琴的介入对学生来说无疑是一副灵丹妙药。教师可以先让学生分声部单独练，一个声部练习时，另一个声部的学生轻声唱谱，这样既能让学生熟悉乐曲各声部的旋律，帮助学生巩固音准，还能让学生对乐曲的基本速度有个整体的概念，在此基础上再让学生合奏、合唱，合唱教学的难点就迎刃而解了。

三、小结与展望

总之，口琴教学在我校已成了音乐教育的重要组成部分，口琴吹奏的教学实践，有效培养了学生的音乐表现能力和审美能力。今后，我校还将探索如何将口琴教学与音乐课其他内容有机结合，建立完整的音乐教学体系，为口琴教学跨上新台阶提供更多更好的经验和方法。

上海市张江高科实验小学　袁星亚

浅谈音乐课堂教学中的口琴教学

《上海市课标》指出：器乐演奏对于激发学生学习音乐的兴趣，提高对音乐的理解、表达和创造能力有着十分重要的作用。经过多年的课堂教学实践，笔者发现口琴作为一种课堂演奏乐器，对于提高学生音乐学习兴趣，全面提高学生审美能力，培养学生具有初步的感受音乐、理解音乐以及表现音乐等方面的能力，都能起到积极的推动作用。笔者将从以下三方面谈谈自己的体会。

一、游戏导入，以乐促动

"兴趣是最好的老师。"在口琴教学中，教师必须通过各种方法来激发学生学习口琴的兴趣，让他们主动学习、认真学习、体会吹奏的乐趣，获得成就感。第一次将口琴呈现在课堂中时，教师要扮演好"魔术师"的角色，牢牢把握住学生对于口琴构造、声音等相关信息的兴趣，充分激发他们的好奇心。

教师可以选择一首表现力丰富、学生比较熟悉的乐曲，加入多媒体播放的与乐曲相符的画面和伴奏来开展教学活动。教师进行投入的范奏展示，让学生充分感受口琴优美的音色，引发学生对口琴吹奏的向往。

教师还可以采用讨论和知识竞赛的方式，增强学生对于口琴的了解。比如：口琴外形特征是怎样的？它是通过什么发声的？请你试吹一下，能否说说它的音色？各小组的学生通过参与和讨论，对这些基本知识有了了解后，教师再选用比较形象生动的图片或动画来告诉学生正确答案。这样一个求知探索的过程，无形中再一次激发了学生学习口琴的兴趣，提高了学生学习的自信心和积极性。

在实际的学习和吹奏中，学生不免会遇到一些困难，加上比较枯燥的基础练习，会让学生觉得无聊和无味。教师需要在教学中寓教于乐，通过趣味游戏的方式充分调动每一位学生的参与意识和学习的积极性。例如，可以运用"闻花香"让学生学会吸气，运用"吹伤口"来学会如何呼气，还可以采用小组比赛、师生接龙吹奏等游戏方法。这样，学生的学习兴趣浓了，学习的效率也就高了。

《上海市课标》中强调：教学内容应重视与孩子们的生活经验相结合。教师在选择口琴的吹奏内容时，一定要关注难度是否适中、与学生生活是否贴近、能否引起学生的兴趣。教师可以选择《闪烁的小星》《玛丽有只小羊羔》《我的好宝宝》等作品，学生会乐在其中，也容易获得成就感。

二、注重实践，乐在其中

在口琴的教学活动中，教师要注重学生的实践，让学生在实践中摸索，关注学生主体性的发挥，让学生收获学习口琴的乐趣，提高审美的能力。

首先，教师要将口琴教学与其他的音乐教学活动结合起来。在课堂教学中，把口琴与歌唱、舞蹈、欣赏、打击乐等音乐教学活动有机结合，引导学生主动参与，让教学取得事半功倍的效果。如《闪烁的小星》一课，教师就可以将学生分成口琴伴奏组、歌唱组、舞蹈组、打击乐组，大家一起合作与展示，使课堂气氛更加活跃，学生快乐参与。

其次，教师要关注学生的个体差异，采用分层指导的方式开展口琴教学。在学习过程中，有些学生接受能力强、基础好、掌握快，但有些学生就存在学习上的困难，那么教师就要采用分层指导的教学方法，让学生获得多方位、多层次、多角度的成功。教师可以将学生编成各个小组，并关注组内差异，让成员间运用“以优带差”的方法，促进组内成员间的相互学习、相互竞争。对于能力稍弱的学生，教师可以先让他们学习一些最基础的，稍后再逐渐增加难度，并及时给予鼓励。对于吹奏能力较强的学生，教师就可以推荐一些课外的优美、活泼的小曲进行补充，让他们自学和吹奏，发掘其内在潜力，使其不断地获得新的成功，激发学习的动力。

最后，教师还可以让学生通过合作表演，用乐队演奏形式进行学习实践。教师可以鼓励学生自由组合，运用同桌合奏、小组合作、领奏和伴奏、钢琴与口琴合作、口琴与打击乐器合作、口琴与伴奏音乐合作等多种形式加强训练，提高演奏的技能，培养音乐的审美能力。

三、鼓励创作，其乐无穷

苏联教育家苏霍姆林斯基曾说：“在每一个人的心灵深处，都有一种根深蒂固的需要，这就是希望自己是一个发现者、研究者、探索者、创造者。”因此，在口琴教学中，教师也要关注学生创造性思维的培养，创设一些具有创造性的活动，持续培养学生学习口琴的兴趣。

教师可以引导学生运用已学的知识进行创造。比如，在学生学习完一些简单的单音后，教师可以邀请学生进行简单旋律的创作，可以自由选用拍号、节奏、速度进行创编，并给自己创作的乐曲起一个贴切的曲名，学生互相点评。对于获得最佳创作的小曲，教师再请学生进行合作吹奏，教师以伴奏来丰富乐曲，这样，学生的创作欲望就会更为强烈，表现的欲望也被激发出来了。

教师还可以引导学生根据音乐教学内容来进行创编。如，可以选用《遥远的森林里》这首歌曲，在歌曲的前奏中请学生自己创编一些小鸟的叫声，在歌曲中歌词演唱到“布谷”的地方，学生吹奏“sol　mi ”模仿鸟叫，这样，学生不仅对于这个音程有了更深的印象，也对歌曲的学习产生了浓厚的兴趣。

四、小结

学无定规、教无定法，以上只是笔者在口琴教学实践中的一些粗浅认识。相信只要每一位音乐教师走近学生，用心教学，勇于实践，注重积累和反思，一定会有所收获，让口琴为音乐教学发挥更大的作用。

上海浦东新区华林小学　汤慧

小学口琴教学中教学策略的实践与探究

在中小学音乐新课程教学领域中，明确提出“学习常见的课堂打击乐器，学习竖笛、口琴、口风琴或其他课堂乐器的演奏方法，参与歌曲、乐曲的表现”的要求。也就是要求学生在学习中养成良好的演奏习惯，乐于参与演奏活动；能够演奏竖笛、口琴、口风琴（其中的一种）或其他课堂乐器，或能够选择某种乐器，运用适当的节奏或者演奏方法表现乐曲的情绪，参与歌曲、乐曲的表现；能够对自己、他人或集体的演奏做简单评价。

一、学习口琴的优点

口琴是课堂器乐教学中最常用的乐器之一，因体积小、便于携带且有固定音高等特点深受教学者和学生们的喜爱。学习口琴，可以激发学生学习音乐的兴趣，培养学生各类口琴吹奏能力，训练学生的音准能力，在音乐课堂学习过程中更好地学会合作的表演能力以及在团队中的协作精神，在丰富音乐课堂教学形式的同时，使学生学会了多角度、多层次、多方位的音乐学习方式。

二、口琴演奏的基本方式与方法

掌握并运用正确的吹奏方法，可以让学生的口琴学习收到事半功倍的效果。正确的吹奏方法，能使学生掌握气息、移动口琴位置进行大跳音程及和弦的正确吹奏。口琴吹奏可以采用坐着或站着两种方法，但是一定要抬头挺胸、眼睛平视前方。基本姿势是两手平握口琴，肘部略向外打开，手臂和手腕保持放松状态。如果坐着吹奏，两腿需要着地，保持身体重心稍前倾，身体呈自然状；如果站着吹奏，可将一只脚稍向前，重心放在另一只脚上支撑全身，总之尽量做到自然、舒适。吹奏时必须靠手左右移动口琴来变换音，而非靠头部晃动找音位，吹奏时不要用脚打拍子。

三、口琴吹奏的口型

口琴吹奏中要注意口型，嘴成“O”形，嘴唇自然放松地放于琴上，含琴不易过浅，如果此时吹出的音不是单音的话，应该再次调整一下嘴型的深浅。同时还要注意口腔的状态。口腔的状态应类似于唱歌，口腔打开，嘴里像含了一口水一样形成一个通畅的管道，千万不能口腔闭紧或嘴巴紧张，否则声音会干瘪，而且气息不通畅，影响长时间演奏的效果。

四、口琴吹奏的基本气息训练

口琴的音阶是按一定的吹和吸的规律来排列的。气息的正确运用可以保证学生正确吹或吸各个音。上下两排要微含，便于口部移动，气息的运用也类似于歌唱的要领，有一种“闻花香”的状态，并且要保持吸进的气息进到腹腔，感觉气息成下沉状态，腹部充满气流，而呼气时则相反。同时还可以利用鼻腔来控制气息。

五、运用丰富的教学方法，激发学生的学习兴趣

《中小学音乐课堂教学技能训练》一书中指出，在音乐课堂教学中，学生只有对所学的音乐知识和技能感兴趣时，才能乐学、善学、爱学。兴趣是学习的关键，如果没有了兴趣也就没有了学习的动力。课堂的授课是面向全体学生，所以笔者对自己的教学预设做了准确的定位。

（一）运用听赏法，提高学生的学习积极性

音乐是听觉的艺术，面对第一次接触口琴的学生，应将听赏与体验放在第一位。首先，让学生观察一下口琴的外形，再让学生尝试吹一吹，明确高低音的位置，适当做好标记，在听觉上感知口琴的音色及音高。在初步感知音色的基础上，教师演奏一首学生熟悉的乐曲，提高学生学习兴趣。学生在认真聆听后，对乐曲的节奏、情绪有了一个初步的了解：这么好听的乐曲我也能吹奏出来。跃跃欲试的心理促使学生主动投入到口琴学习中来。例如：在三年级第一学期的教材《乃呦乃》一课的学习中，全曲由三个音符组成，节奏比较简单，情绪比较欢快，吹奏的呼吸换气上完全没有难度，音符sol、mi、do三个音都是吹的，所以只要移动口琴的位置，学生就能用连吹的方式来吹奏sol、mi、do。学生在欣赏乐曲时专注地聆听，运用听赏法和老师一起模仿连吹的吹奏方法。在听赏后通过师生接龙的方法——教师用钢琴与学生用口琴进行接龙，学生吹奏每个乐句中的sol、mi、do。这样不仅营造了完整的乐曲听赏效果，也调动了学生学习的积极性。

（二）运用模仿法，培养学生的基本吹奏能力

所有器乐教学的最初训练基本都以教授各个音符的时值和音高位置为基础。这样的练习比较枯燥，而且学生缺乏对音乐各要素的感知与表

现。在口琴教学中,教师可以让学生对简单的乐曲进行模仿,培养学生的基本吹奏能力。模仿即为照某种现成的样子学着做,在音乐教学中也是学生直接将欣赏感受到的音乐表达出来的最直接的方式。一般情况下,充满趣味性的模仿教学法与小学生的心理和生理发展具有一致性,能够在较大程度上吸引小学生的注意力,从而促进小学生产生主动学习的意识。在口琴学习中,既有视觉上来自教师的示范的模仿,如演奏姿势、演奏方法等;也有来自学生听赏体验中的模仿,如仔细专注地聆听,以及教师范奏时由于不同的演奏方法产生的不同音色特点等。因此在口琴学习中要进行模仿演练。例如:在《我们大家跳起来》的吹奏教学中,笔者充分运用了模仿演练。在让学生完整听赏乐曲后,教师进行示范演奏 sol do re mi fa | sol do do ‖。学生在聆听的过程中感受音符中优美的连奏和欢快跳音的区别。在聆听的基础上,除了用听觉感知音符的区别以外,学生还可以观察老师演奏方法的不同,然后尝试着吹一吹。在师生的模仿演练过程中,学生不但掌握了吹奏顿音与连音的技巧,更受到了乐曲情感的熏陶。由此可见,模仿演练是一种很好的口琴教学手段。运用这种手段,教师可以结合小学生的实际心理特征调动学生学习音乐的积极性,有效激发学生的学习兴趣,从而促使学生在轻松愉快的游戏过程中掌握相关知识。

(三)运用竞争法,提高学生个人吹奏能力

教师可以利用小学生争强好胜的心理,开展竞争法来提高学生个人的吹奏能力。在器乐教学新授课中可以这样运用竞争法:首先,教师为学生进行乐曲的范奏,在学生整体把握乐曲的情绪和速度后,再吹奏各个乐句。然后,将学生按照吹奏能力分为两个小组,并给出乐谱要求学生从速度、力度和融入少量打击乐器的配置等方面进行乐曲的处理。学生在分组活动中自行分配练习任务,在吹奏练习后,分组进行小组的展示。通过这种分组吹奏方式,学生可以自主探索最佳的艺术表现形式,并提高吹奏能力。学生沉浸在享受和对比的吹奏过程中,又融入了竞争向上的创编意识，对自己与其他学生的合作进行及时评价。在此活动中，采用自评、互评及他评三种评价方式相结合的方法，更能提高学生的竞争意识。采用此教学方法，不仅能够促进生生合作，更能提高学生的口琴基本吹奏能力，而且通过创作表演后，以小组合作方式来展示，能够充分发挥学生的能动性，使学生在评价中互相交流和激励，达到发展学生综合艺术能力的目的。

（四）通过乐器合奏，培养多重合作表演能力

合作表演能力是器乐教学中非常重要的表演能力之一。合作共进是指音乐教学过程中师与生、生与生、师生与环境等相互激励、共同合作、共同进步的过程。教师应通过与其他乐器的合奏培养学生的综合表演能力，再通过各种学习能力的学生进行不同程度的合作吹奏，形成良好的、有效的合作效果，从而提高学生的合作表演能力。例如，《闪烁的小星》是一首曲调流畅、欢快和富有意境的法国民歌，因为曲调比较熟悉，学生练习时在听辨音符上比较容易，可以很快地完成吹奏任务，所以笔者把重点的活动任务放在合奏表演上。首先，笔者选择用轻快的伴奏型利用钢琴为学生的吹奏进行伴奏，在伴奏中学生感受旋律的优美而平稳，使学生犹如身临其境。其次，请部分学生主动选择打击乐器为歌曲伴奏，在这个环节中充分调动学生的积极性，让他们根据自己的喜好并利用所选乐器的特点进行节奏的排练。最后，在钢琴和打击乐器的伴奏下，让学生用口琴吹奏完成全曲，形象地描绘夜空中星星闪烁的景象。学生在乐器合奏中不仅感受到合作的快乐，还能进一步感受到乐曲所表达的美感。

（五）与其他表演形式相结合，培养综合表演能力

例如，结合学校手风琴兴趣小组，从手风琴小组里抽取几名学生进行简单的口琴与手风琴的合作练习。以《小雨沙沙》一课为例，笔者将学生分为口琴组、舞蹈组、演唱组、手风琴组进行分组指导和训练后，再让学生以两组为一个单位进行合作练习，效果就显现出来了。学生在聆听自己旋律、体验美感的基础上，再欣赏其他小组的音色特点，在合作的过程中

体会到音乐的美感和合作的乐趣。最后再融入舞蹈和演唱，在一个丰富而欢乐的合作中完成多重合作的表演形式。

口琴教学除了在音乐课堂中面向全体学生的器乐教学之外，还要鼓励学生从自己的爱好出发，积极参加校内外的乐队或演奏小组。教师要鼓励、支持并指导学生，为学生提供展示学习成果的机会。器乐教学是课堂教学不可缺少的组成部分，教师要不断探索适当的教学方法，不断完善自己的教学方法，让每位学生都会演奏一种乐器，培养学生课外探究口琴演奏的兴趣和能力，从而提高学生的综合音乐素质。

上海市浦东新区明珠森兰小学　邱宇欢

口琴教学中提高学生音准及识谱视唱能力的实践与研究

音高是音乐听觉的主要部分，而幼儿时期正是训练音准的最佳时期。因此，在小学的音乐课堂中，要从低年级开始就对学生进行相应的音准训练，让学生能够拥有一双灵敏的“音乐的耳朵”，正确揭示音乐形象，更好地学习、感受、表现音乐。在小学音乐课中，学生一般只是通过教师的钢琴或者多媒体来感受音高，而通过口琴的吹奏，学生可以得到亲身体验，用听、看、奏不同的方式感受音乐，全方位地感受音高、对比音高。实践证明，通过这样的综合活动，学生在不同阶段的学习过程中，对音高概念以及乐谱等印象就更为深刻，对提高学生的音准、识谱、视唱能力十分有效。

一、在口琴教学中提高学生的音准能力

学生吹奏口琴时，吹奏的音的强弱、长短、高低等，都会对学生的

听力产生一定的影响。吹奏位置正确的音就要保持，不到位的就要马上改正。什么样的音吹奏出来是正确的？怎样又是不到位的呢？在教学过程中，这也就相当于听音的训练，需要老师进行有效的指导。教师要先指导学生正确地找到口琴上音的位置，用正确的吹奏方式搞清楚吹和吸，然后听听钢琴正确的音高再做相应的调整，这样可以提高学生音准的辨别能力。然而在课堂上通常是许多学生在一起吹奏，容易听不到自己吹奏的口琴的声音，这时教师可以采用小组竞赛等方式，三组听、三组吹，再交换。长此以往，学生通过学习吹奏口琴感受到音高的不同位置，比比谁吹奏得更准，这样学生的听辨能力逐渐得到了锻炼。在歌唱教学课中，教师可以通过教授难点乐句的吹奏，帮助学生提高音准能力、唱准歌曲中的旋律。

二、在口琴教学中提高学生的识谱能力

口琴教学不仅帮助部分学生克服了怕唱不准而被人讥笑的畏难心理，而且提高了学生的识谱能力。在小学二年级，学生逐渐开始学习五线谱，教师可在平时手指五线谱儿歌中培养学生的识谱能力，下加一线ddd、第一线mmm、第二线sss等。利用口琴来进行师生接龙也不失为一种有趣且有效的方法。老师唱下加一线；学生吹ddd，依此类推，将谱子变成一首和口琴相结合的五线谱小歌曲。在训练学生识谱的同时，也让他们利用口琴很好地把握住音准，学生脑海里也有这个音在五线谱上的位置概念。教师引导学生多听、多看、多吹，逐渐在歌谱中减少字母谱的出现，五线谱在学生脑海中的印象就更加深刻了。在口琴练习曲的选择上，为了让学生更加牢固地掌握五线谱，可以选择同样音高反复出现的乐句来练习。

例如，对于低年级的学生，可以选择如下相同音高反复出现的小练习：do – – – | do do do do | do – do – | do – – – ‖，也可以选择相似乐句反复出现的练习，如：do re mi – | mi re do – | do mi re do | re – – – | do re mi – | mi re do – |

do mi re mi | do – – – ‖。

歌谱上还有许多表情记号等特殊符号，学生一般难以从枯燥的说教式教学中去牢牢记住这些知识。那么，教师可以利用口琴吹奏，让学生自己来吹奏不同的记号，亲身体会到这些标记的意义，使这些标记变得更有趣，学生的印象也更加深刻。

有些歌曲力度强一些，有些力度弱一些；有些乐曲速度越来越缓慢；有些是跳跃的；有些是圆滑的。演奏者要通过不同音乐要素来表现乐曲不同的情绪。当旋律上标注“f”时，要求将这个地方的旋律演奏得强一些，那么这个“f”就是力度中的“强”；在标注有“p”的地方，要演奏得弱一些，这个“p”就是力度中的“弱”；在标记有“rall.”的地方，要将旋律演奏得越来越慢，这个“rall.”就是渐慢记号；在标记有“︵”的地方，要将旋律吹奏得圆滑饱满，这个“︵”在音高不同处就是圆滑线，在音高相同处就是延音线。这样一来，学生为了使自己的口琴的演奏水平越来越高，就会认识到学习乐理知识的重要性，将原来的“要我学”改变为“我要学”，学习态度改变了，他们对识谱的学习兴趣调动起来了，那么视谱的效率就大大提高了。在练习模式中也可以尝试进行分组合作，一部分学生演奏，一部分学生视唱，这样能够使每个学生的内心都有一定的旋律感和音准概念。

三、在口琴教学中提高学生的视唱能力

这里所指的视唱教学并不是音乐院校中必修的音乐理论和专业技术等基础课程，教师把专业的视唱练耳模式照搬到小学音乐课堂中，从学生的心理特点和接受能力上来看肯定是无法消化的。虽然无须如此专业，但是综观如今多元化的音乐课堂，越来越趣味化的模式应用在35分钟教学中，使视唱练耳与口琴教学完美结合。

在课堂视唱能力的训练中融合口琴吹奏，是把“视唱”化为“视奏”的一个过程。一般来说，视唱要比视奏容易得多，那岂不是对学生提出了

过高的要求？其实不然，从课堂实践中看，学生通过口琴吹奏，掌握一定的乐曲节奏，并对旋律的音高有了先入为主的整体感受。这样，学习效果就得到了大大的提升。所以从视到唱的过程就是对“音乐符号”接受与回射的过程。而从视到奏的过程，就是对乐谱的接受、回射、表现的过程。通过单音、乐句等不同程度的练习，再放下口琴来演唱歌谱，他们就能够轻松地对歌谱进行快速的视唱，对五线谱的音高位置更是十分熟悉，反应更加迅速。

节奏是旋律的骨骼，是视唱环节中的一个重要步骤。奥尔夫教学体系中也强调“节奏第一”。在小学音乐课堂教学过程中，歌曲出现复杂的节奏时，视唱就更难了。这样导致了学生视唱乐句时速度过慢，影响整体的教学效果。通过口琴吹奏，通过一个固定音高的节奏谱来训练各类的节奏，能够帮助学生较快地掌握新学的节奏，再加上音高练习，旋律吹奏就顺势而成。

二年级第二学期开始，一些歌曲中会出现比较复杂的节奏，学习了十六分音符后，就会出现前八后十六、前十六后八这样的节奏型。在学习初期，可以让学生在同一个音的位置吹奏这些节奏，既训练了节奏，熟悉了各音在口琴上的位置，又使吹奏能力和视唱能力得到锻炼。例如在学会吹奏歌曲《布依娃娃爱唱歌》中的部分中音区的旋律之前，可以先把歌曲中后十六节奏的音符改编成同样的音符ddd d进行同音练习，这样经过多次练习，再吹奏歌曲中的旋律就事半功倍了。

四、小结

学习器乐演奏对培养和提高学生的识谱及演唱能力有着很大的促进作用。实践表明，凡学习器乐演奏的学生，他们的识谱和演唱能力远胜过于未学习器乐演奏的学生。在口琴演奏的过程，同时也是识谱唱谱的过程，学生不断地进行着听音训练、节奏训练、视谱训练及视唱训练，在潜移默化中建立起准确的音高概念，在掌握一定演奏技能的同时，又提高了识谱和演唱的能力，增强了学生的视谱能力。学生通过学习吹奏口琴，有了良好的聆听习惯，懂得去听自己演唱或吹奏的音是否准确；欣赏他人表演或吹奏时，能及时做出反应和评价。许多学生在口（唱）、眼（视）、口（吹）的视谱灵敏能力上都有了非常大的进步。因此，把口琴引进课堂教学是提高学生识谱能力的最佳选择。在学唱歌曲的过程中，个人、班级整体视唱歌谱的能力有了明显的进步，这样就提高了歌曲教学环节的有效性，培养了学生的音乐综合素养。

器乐与视唱教学是整个小学阶段音乐教育中重要的有机组成部分，是学生人生道路上打开艺术大门的金钥匙。口琴教学中的训练，对学生享受音乐课堂、感受作品魅力、塑造和表现音乐形象、完善个人综合音乐素养，有着重大而深远的影响。

上海市浦东新区福山唐城外国语小学　刘戒骄

分阶段掌握口琴基本吹奏能力　培养学生学习兴趣

有位教育家曾说过，没有兴趣的学习，无异于一种苦役；没有兴趣的地方，就没有智慧和灵感。学习的兴趣是许多学生求知探索的起点，也是他们获得知识、发展能力的动力。一旦激发起学生的学习兴趣，他们的学习就会积极主动，结果必然学得轻松而有成效。学习兴趣不是天生的，其主要在于教师正确引导学生，充分调动学生对学习的积极性和主动性，进而可以创造性地学，从而达到优化课堂教学和提高教学效率的目的。如德国教育家第斯多惠所说，教学的艺术不在于传授的本领，而在于激励、唤醒、鼓励。“兴趣是最好的老师。”兴趣是学生获取知识、拓宽眼界、丰富心理活动最主要的推动力。学生对学习产生浓厚的兴趣时，无意中形成一种内在的动力,积极地参与学习。因此,教师应该利用学生这一心理特点,创设学生喜闻乐见的教学情境,积极激发学生的学习兴趣,充分调动学生的学习积极性。只有采取多种多样、行之有效的学习形式来激发学生的兴趣,才能使学生的素质得到全面、有效的提高,才能使学生感受到学习是一件愉快的事、幸福的事。

一、小学生的年龄特征与兴趣培养的相关性

根据小学生的年龄和心理特征,在课堂教学中,要激发小学生的学习兴趣,教师需要采用十分有趣的教学形式,营造轻松愉快的学习环境,让学生在"玩耍"中主动地学习各种技能。因此,音乐教师应充分利用他们的这个特点,把口琴教学贯穿在歌曲的教学中,用新颖的教法与形式刺激他们的学习积极性。孩子们乐于吹口琴正是受新奇感和"让我吹""我来吹"这些心理活动的支配,因为他们想用这件玩具一样的小乐器吹出点什么来,不管吹得怎样,他们对自己创造出来的音总是很好奇。当他们能摸索着吹奏出想象中的曲调时,便会情不自禁地爱上口琴,当然,也同时爱上了音乐。一个人对一件事感兴趣,他就会努力把这件事做好。学习口琴也是一样,如果对口琴感兴趣,就会学得更快、更好。

二、兴趣培养的方法与手段

(一)尊重学生,营造学习气氛

课堂上,学生是学习的主体,教师对学生的学习主要起引领和主导作用。课堂教学是教学活动的主要形式,是学生知识获取、能力培养、个性发展的主要途径。在教学中教师只有善于激发学生的兴趣,尊重学生,营造良好的学习氛围,才能达到培养学生创新能力的目的。现代教育思想认为:课堂上,只有尊重学生,给学生营造一种和谐、融洽的教育环境,激发学生内在的学习需要,才能使他们生动活泼、主动有效地学习,把教育

活动视为他们自己真正喜欢的活动。

（二）创设情境，激发学习兴趣

学生对某件事物产生兴趣，可以孜孜不倦地学习，兴趣更浓者，能达到如痴如醉的境界。如果学生对学习产生浓厚的兴趣时，就会在无意中形成这种内在的动力，积极地参与学习。因此，教师应该利用学生这一心理特点，努力创设学生喜闻乐见的教学情境，激发学生的学习兴趣，充分调动学生的学习积极性。

（三）更新理念，注重兴趣培养

课堂作为教书育人的主战场，教师是否能用新的观念、正确的思想去认识和占领这个阵地，是课堂成败的关键。作为教师，要想获得意想不到的教学效果，就要在教学过程的各个环节有计划、有目的地对学生进行兴趣的培养和激发，并激发起学生强烈的求知欲。寓教于乐是教学的最高境界，以兴趣为基础，教师在教的过程中注重兴趣的培养，学生在学的过程中感觉有兴趣接受和探索，这样才能充分发挥教师的引导作用和学生主体地位，使教师教中有乐，也让学生学中有乐！

三、兴趣培养的不同要求及设计

小学阶段，学生兴趣、爱好广泛，但注意力很难长时间集中，自觉性和纪律性差，这一时期也是规范动作、培养集体意识的最佳时期，所以，口琴启蒙学习内容应以基本音准、音位、游戏接龙为主。教师可根据学生学习的实际能力，将各个年级的教材内容进行分析，设计基于学生学习基础又源于教材的歌曲部分旋律及乐曲部分主题的分年级教学内容，并适当加入部分简单的世界名曲，丰富学生吹奏的内容，提高学生口琴吹奏的兴趣，培养学生口琴吹奏的整体演奏水平。

（一）一年级口琴吹奏要求

一年级学生刚入学，教师在学习准备期后，经过音乐课堂常规训练后再进行口琴教学，效果会事半功倍。第一学期首先让学生对口琴有个整体概念,教师对口琴进行介绍。

（1）口琴的基本持法和姿势。① 握琴方法：双手拿起口琴，低音区应该放在左边，高音区应该放在右边。两手的大拇指放在琴格正面的两端，食指弯曲放在琴板上，中指托在口琴的背面，无名指和小指自然弯曲在中指下面。② 口琴的吹奏姿势：口琴的吹奏姿势也很重要，特别是在课堂中，集体吹奏或表演时，如果吹奏姿势不佳，除了会影响吹奏的顺畅程度以外，看起来也不太雅观。

（2）正确的吹与吸：用吹和吸的方法吹奏中音区（do、re、mi）三个音。

（3）练习气息：练习不同的气息、长音和短音，练习单音奏法。

（4）初步找到中音区的do、re、mi、sol在口琴上的位置。

（二）二年级口琴吹奏要求

（1）掌握中音区（do—la）的吹奏位置和方法。

（2）练习吹与吸。

（3）气息练习：在长音处腹部用力，气息慢吹和慢吸。要注意吹奏时吸气不要过于用力，肩膀放松，吹奏长音时，身体不要蜷缩，气息均匀地吹出。吹奏短音时，肩膀不要抖动，用腹部的力量支撑，肚子像小皮球一样跳动用力，与歌唱时的方法类似。

（4）节奏训练：在八分音符的吹奏时，用短促的气息来吹奏，控制气息准确。

（5）跨度练习：将re—sol的四度跨度吹奏准确。

（三）三年级口琴吹奏要求

（1）掌握并复习巩固do—do′，特别注意其中高音do′和中音si的音位。初步认识高音do′、re′、mi′在口琴上的位置。

（2）气息练习：练习长音的气息连贯和同音反复，掌握连吸、连吹技能。

（3）二声部合奏：在三年级可以适当加入一些二声部的练习曲，尝试简单的二声部合奏，如乐曲《钟声》等。

（4）节奏训练：在歌曲《新疆是个好地方》中，熟练掌握切分节奏、附点节奏，注意切分节奏的吹奏，四分休止符及时停住，不要拖音；同音运用连吹的方法。

（5）拓展学习：充分利用校外资源，学习世界名曲《玛丽有只小羊羔》《欢乐颂》等激发学生学习兴趣。

（四）四年级口琴吹奏要求

（1）四年级学生已经掌握了中音区（do—do′）的吹奏位置和方法，在此基础上，掌握低音区 sol,、la,、si,及高音区 do′、re′、mi′的音位。

（2）二声部合奏：在练习曲中，分组吹奏二声部旋律，培养学生和声意识。在速度比较快的歌曲中，如《吹起我的小竹笛》《火车快跑》中，能力强的学生可吹奏全曲。

（3）不同能力学生的分层合作：对于不同能力的学生可以进行分层合作，创编简单的和声，进行多声部合奏，培养合奏能力。

（4）合奏能力：练习同音反复，控制短促有力的气息。吹奏全曲，训练自主视谱能力，提高吹奏能力。在综合表演时，可以用口琴和其他乐器合奏，培养多重合作表演能力。

（五）五年级口琴吹奏要求

（1）五年级学生已经掌握了中音区（do—do′）的吹奏位置和方法，复习巩固音阶从低音区的 sol,至高音区 mi′。在歌曲《剪羊毛》中练习吹奏整首歌曲。

（2）二声部训练：在歌曲《红蜻蜓》中教师钢琴弹低声部，学生口琴吹奏高声部。五年级学生初步感受复调旋律。在歌曲《圆圆和弯弯》中，在完成吹奏高声部旋律后，为衬词部分创编低声部旋律。

（3）合奏能力：在歌曲练习中，分组吹奏两声部旋律，可让学生自己创编一些简单的低声部旋律，也可分演唱组和乐器组进行唱、奏合作表演。在歌曲《嘹亮的歌声》中，尝试轮奏歌曲。

四、总结

培养学生的学习兴趣不是一朝一夕可以完成的任务。作为当代小学音乐教师，我们要以发展的眼光看待教学改革，积极应对教学中出现的种种问题，不断调整教学策略，提高教学效果，让学生知识取得、能力发展与兴趣提高和谐统一地结合起来，体验到学习的兴趣和快乐。

上海福山外国语小学　迟娱

口琴教学中结合吹奏与律动促进创造性思维的实践研究

口琴教学中，将吹奏与身体律动相结合的教学方法，不仅能激发学生的学习兴趣，更能帮助学生掌握音乐知识与技能。运用多声部的合奏训练，还能培养学生的合作意识，促进学生创造性思维。口琴教学对于促进学生个性发展、参与艺术实践活动、提高音乐审美能力、发展创造性思维有着实际而深远的意义。

一、口琴教学中结合吹奏促进创造性思维

在口琴教学中，学会口琴吹奏的基本技能是非常重要的，但是也不能一味地按照歌曲来进行吹奏练习，时间久了，学生就会提不起学习兴趣。因此，在学生学会吹奏技能的基础上，教师可通过打击乐器伴奏、和声创编等进行多声部的合奏训练，并且运用不同的演奏形式对歌曲进行二度创作或进行即兴的旋律创编来培养学生的创编能力。这些都能够激发学生学习的兴趣，培养学生的合作意识和创造性思维。

（一）口琴即兴旋律创编

口琴旋律创编适合各个年级的学生进行训练。可以根据低、中、高年级来分层、分难度进行训练。低年级学生可以根据已经掌握的字母谱，按照要求进行旋律的创编，并将创编的旋律用口琴吹奏出来，通过此环节可以巩固低年级学生所学的音乐知识，同时也能让低年级学生发现自己也是有能力进行创作的，由此可以大大调动学生学习的兴趣，激发学生的创造性思维。

例如：低年级学生主要是在“创”“玩”等环节中学习知识，可以在这两个环节中进行旋律的创编。在“创”这个环节中，可以给出“d、r、m、f、s”这五个“字母宝宝”以及各种不同类型的节奏，先请学生创编节奏，再根据创编的节奏来选择“字母宝宝”进行旋律的创编。这样，学生可以根据自己创编的节奏和旋律来进行口琴吹奏，能够发现自己的创造能力，并提高他们的学习兴趣。

而高年级的学生则已经掌握了旋律模进、旋律重复等旋律创作方法，因此在进行旋律创编时，高年级可以根据旋律模进、旋律重复等来创编、进行口琴吹奏，从而自学歌曲，培养学生的自主学习能力。

例如：在学唱歌曲《哦，十分钟》时，歌曲中出现的部分旋律是模进的，教师可以请学生用模进的方法创编旋律来学习歌曲第六乐句。教师可先让学生学吹歌曲第五乐句，再请学生用模进的方式自主创编旋律，并用口琴吹奏，这样，学生不仅可以学会相同的吹奏方法，还可以掌握旋律模进的创作方法，可谓一举两得。

（二）口琴创编和声，多声部合奏训练

创编和声的练习比较适合高年级的学生。这种练习方式可以让学生更直观地感受多声部，同时也能促进学生的创造性思维和团队合作意识。和声创编的练习应从易到难，可以先从单音开始练习，让学生根据给出的单音创编合适的音程，再进行师生合作，教师弹钢琴与学生吹口琴同时进行，也可以将学生分成两组进行和声吹奏练习。在掌握了基本的和声基础后，可以让学生为歌曲的主旋律创编和声。学生可以根据自己的能力，吹奏长音为歌曲伴奏，也可以用短促跳跃的音符为歌曲伴奏。师生可以根据学生的创编进行口琴、钢琴的合奏练习。在练习的同时，学生也能够通过不同的伴奏类型感受歌曲旋律所表达的不同情绪，从而培养创作能力。

二、口琴教学中结合律动发展创造性思维

达尔克洛兹认为音乐本身就是以听觉为基础的，音乐教育应该完全立足于听。因此，“听”在音乐律动中是非常重要的。学生只有学会了“听”才能够做出相应的身体律动。在熟悉音乐的过程中，学生可以做拍手、点头、踏脚、左右摇摆身体等动作或进行简单的即兴表演。经过日积月累的练习，学生能够更自然地以身体各部的律动去感受和表现音乐。

（一）身体律动的种类

（1）行进律动：指在行进中做的律动，以行进步伐和进行中的动作练习为主。可以在进行曲的旋律中进行练习，例如《玩具进行曲》等。

（2）节奏律动：指跟着音乐做节奏练习的律动。教师可以通过拍手、点头、拍腿、手腕转动、跺脚等动作来培养学生的节奏感。

（3）模仿律动：指学生随着音乐模仿从日常生活实践中提炼出来的动作。例如：可以模仿动物的动作、农民劳动的动作、牧民放牧的动作，还可以模仿走、跑、跳等动作。

（4）动作律动：指学生跟随音乐学习简单的舞蹈动作。

（二）低年级学生在口琴教学中的律动设计

低年级学生在口琴教学中结合律动，能够培养学生对音乐的表现力和欣赏力，能够让学生更深切地感受歌曲的情绪以及所要表达的情感，能够使学生通过口琴吹奏掌握演奏乐曲时的速度与力度等。通过吹一吹，动一动，高音时站立的姿势以及低音时蹲下的姿势，让学生边吹边动起

来，既提高了学生的学习兴趣，又培养了学生的节奏感和音准度。

例如，学唱歌曲《在遥远的森林里》时，可以让学生选择吹奏歌曲中模仿猫头鹰叫声的旋律，由于只有几个单音，因此吹奏起来没有太大的难度。而此时，教师可以通过提问的方式，请学生创编适合演奏歌曲的动作及造型等，而学生则可以通过小组讨论的方式得出自己的结论。在小组讨论的过程中，学生可以发表自己的见解，小组进行总结后得出各自的结论，这样可以给每个学生提供发挥想象的空间，同时也能培养他们的创造性思维。

再如，教唱歌曲《我的小宝宝》时，可以让学生完整吹奏歌曲。在学会吹奏后，请学生发挥自己的想象，让他们想一想用什么动作来模仿摇篮，进行表演，而不是一味地教师说什么学生就做什么，这样才不会抑制学生的思维能力。当教师把这个问题抛给学生之后，学生会通过自己的创造性思维给老师各种各样的答案。比如，一个学生想到可以一个人在原地进行左右摇摆来表演，而另一个学生就会想出可以两个人来做摇篮的造型，而通过这两个学生的答案，又可以继续衍生出小组多人摆出摇篮造型的创意。

（三）高年级学生的吹奏与律动设计

高年级的学生经过前几年的训练，已经能够熟练地掌握吹奏技能，并且能够在思考问题上更具发散性，思维更加活跃。所以对于高年级学生要提出更高的要求。如果说低年级学生只是初级阶段的话，那么高年级就属于发展的阶段，因此需要学生运用到创造性思维来思考的问题，这样才能不断地促进学生创造性思维的发展。

在高年级的口琴教学中结合律动的教学方法能够调动学生的情绪。由于高年级学生并不像低年级学生那样好动，因此口琴吹奏与律动的结合能够起到活跃课堂气氛的作用，提高教学质量，有利于提高学生的观察力、记忆力以及创造力，有利于培养学生的团队合作意识，有利于培养学生的审美能力，陶冶情操。如果说低年级学生是在创编造型方面用身体左右摆动等方法与吹奏进行结合来培养创造性思维的话，那么高年级学生则可以从创编队形、创编舞步和手部舞蹈律动等方面与吹奏结合，以此来培养创造性思维。

例如，在教吹歌曲《剪羊毛》时，可以让学生根据歌曲情绪的变化来创编不同的动作或者队形。此时，教师可以将学生分为两个小组进行讨论来解决这个问题。一个小组讨论抒情部分的律动，另一个小组讨论欢快部分的律动。在讨论的过程中，要保证每个学生都有发言的机会，在小组中将各自的想法进行交流，这样不仅能够提高学生的创造性思维，还能够培养学生的团队合作意识。

歌曲前半部分欢快、活泼的旋律要吹奏得跳跃，并能正确表现附点音符的作用；歌曲后半部分抒情的旋律高亢、舒展，需要用连贯的气息来吹奏，以音乐要素的处理和队形变化来综合表现乐曲。

再如，在教吹歌曲《军队进行曲》时，可以让学生发挥自己的想象，给歌曲编创动作，并请一部分学生来回答这个问题，其余学生可以在这些答案里进行选择，选出最合适的答案。比如，有学生会说加入踏点步进行吹奏，有学生会说用左右摆动身体的动作进行吹奏，还有学生会说用行进的步伐进行吹奏。接下来教师可以进行归纳，让学生从中自主选择。在这个环节中，如果只是教师一贯地和学生说一定要用某个动作来进行表演的话，学生的思维方式就会被限制，而通过讨论的方式，能让学生有充分发挥自己想象的空间，对于学生的创造性思维的发展有很大的帮助。

三、总结

器乐教学的本质是让学生通过乐器来表演音乐，器乐教学实际上教的是音乐而不是乐器。通过“口琴进课堂”的教学，学生各个方面都得到了提高。学生不仅提高了欣赏音乐、表现音乐、创造音乐的能力，而且大大提高了创造性思维的能力。而在中小学素质教育中的一个重要内容就是培养学生的创新精神，而培养学生的创新精神的途径有很多，口琴教学进课堂就是其中一种。

由此可见，器乐教学特别是口琴教学结合吹奏与律动的方法可以培养学生的自我表现力，更好地促进学生学习，激发学生学习的兴趣，并从各个方面培养学生的创造性思维。

上海市浦东新区高桥镇小学　须佳琦

口琴教学中多种感官联动，提高学生合作表演能力

合作和协作，是21世纪人才应具备的基本素质，也是现代教育改革的重要方面。在音乐学习中引入自主、合作、探究的学习方式是现代音乐教学的一个重要特点。笔者认为，音乐教学中生生合作的教学形式着眼于学生潜能的唤醒、发掘与提升，能有效地促进师生的同步发展，创设良好的课堂氛围，能促进学生自主、全面、可持续性地发展，能更好地完成音乐课程标准下的学习目标，提高音乐课堂的教学实效。

口琴教学强调音乐实践，鼓励音乐创造。口琴吹奏是一种由多种感官联动参与的具体的音乐实践活动。教学初步的吹奏基本技能技巧，使眼、耳、口、手等多种感官联动共同参与口琴吹奏活动，可以使学生具备一定的吹奏能力并进行简单的音乐创作，提高学生合作表演能力。

一、口琴学习能调动学生多种感官联动参与

口琴是乐器中比较小巧精致的吹奏乐器，因此演奏起来并不困难，口琴的固定音高是通过眼、耳、口、手等多种器官的协调配合演奏而成的。

作为音乐感知实践的一种有效载体，口琴在音乐审美感知能力的培养中成为学生形影不离的“小老师”。

口琴教学中，教师应提高学生的表演能力，使课堂既欢乐又有秩序，调动学生多种感官联动参与，使学生养成良好的表演能力和合作的课堂氛围，提高合作表演的质量。

口琴演奏是一种多向性的思维活动。口琴演奏时眼、耳、口、手等多种器官的协调配合，使大脑左、右两个半球的功能同时得到锻炼，从而协调发展。

口琴吹奏可以促进知识的迁移。学生通过口琴演奏，加深对乐理知识的理解，提高视奏、视唱、伴奏等音乐表现能力。在听觉上，通过合奏能有效地建立“多声部”及“和声”观念。

二、口琴教学中运用多种形式培养学生合作表演能力

通常，低年级课堂可以通过歌舞、律动表演等来表现歌曲，让学生边唱边发挥想象力，使学生的音乐思维通过歌曲尽量地展现。中高年级则通过节奏练习、创作、自编、角色表演等来发展学生的音乐表演能力。教学中，教师要面向全体学生，使每一个学生都积极参与合作，发挥具有特长的学生的个性表演能力，帮助各类学习存在困难的学生，让每一个学生都加入到表演的行列中，通过自身表演的过程获得成功的喜悦，发展学生的智慧，培养学生的创造力。在口琴教学中，教师应结合合作学习的方式，由浅入深，循序渐进，发展学生的综合表演能力。

（一）吹奏与听觉培养

初步认识口琴构造及持琴姿势时，需要学生自主探究口琴上的音阶排列顺序。学生能根据教师在钢琴上弹奏的音，在口琴上找到相应的音位，配上正确的呼或者吸来吹奏出正确的音高。这就需要学生认真听辨教师弹奏的音，从而培养了学生的音准听辨能力。

听觉能力的培养和锻炼是一个长期的过程。只有具备正确的音准听觉能力，然后吹奏出正确的口琴上的音，才能吹奏出正确的音高和旋律。教师可以通过"听听、吹吹""看看、吹吹""比比、吹吹"等游戏，提高学生的听觉能力和音准能力。例如：教师在钢琴上弹奏一个单音，学生唱出单音，并在口琴上找出相应的音位；教师出示谱例，弹奏出旋律，学生唱准旋律，并在口琴上吹奏出旋律；学生相互出题，一个学生唱出某一个单音，全班其余学生把这个音吹奏出来……可以这样利用口琴学习来加强学生对音高、节奏、和声方面的感知能力，学生在不断的聆听、纠错中提高听觉能力和音准能力。

（二）吹奏与律动结合

当学生具备一定的吹奏能力时，就可以凭借身体律动来进一步表现乐曲。因为每首乐曲都会带给人们不同的感受，学生的表演能力一定是先在听赏过程中适当进行身体的律动来感受音乐，了解乐曲的情绪、速度、节拍等，然后在听觉与肢体联动的情况下通过视觉来视谱，将主旋律通过口琴吹奏出来，这样通过耳、眼、身体、口联动，能将音乐作品表现得更丰富具体，促进学生对乐曲的领悟和再现。

（三）吹奏中融入创编

三年级的教学内容中唱游的成分越来越少了，增加了更多的识谱和合作活动，旋律中出现了大跳，旋律的节奏越来越复杂，不少音乐知识点增加了难度。在视唱旋律前先用口琴吹奏旋律，再视谱唱出，往往能够获得事半功倍的效果。

在新歌学习时，学生能吹奏主旋律后，教师可以发动学生参与伴奏的创编。活泼欢快的乐曲一般用密集的节奏来伴奏；抒情优美的乐曲用长音来伴奏。在学生眼、口、脑共同联动的过程中，即兴创编伴奏的形式也越来越丰富。用口琴吹奏主旋律的同时，可以运用打击乐器伴奏、肢体语言表演律动等形式来完成合作表演。这样多种感官联动的参与，提高了合作表演效果。如教材中的《黄昏》是一首二声部轮唱歌曲，假如教学开始就直接让学生反复练习轮唱，就会又难又枯燥，学生初步感知旋律后演唱各声部时常常把握不住，有些学生甚至因为识谱难而放弃歌唱。用口琴先吹奏歌曲旋律，再通过熟悉旋律进行轮奏，学生就很容易解决轮唱的演唱问题了。

（四）吹奏与载歌载舞

音乐课堂里最欢乐的气氛来自载歌载舞的合作表演形式。发挥学生的各类特长，让他们参与合作表演。学生既可以边歌唱边用打击乐器伴奏，又可以边吹奏口琴边踏点舞步或者打节拍来表现乐曲，还可以边与其他人合作摆造型边律动来合作表现，多种感官联动，提高合作表现力。

如教唱《哦，十分钟》这首歌中，除了歌曲演唱外，可以邀请一部分学生选用合适的小乐器设计各类伴奏型为歌曲伴奏，前半部分表现活泼欢快的情绪，后半部分设计宽松的节奏型表现抒情优美的情绪，同时在后半部分加入口琴演奏衬托主旋律；歌唱的学生同时通过肢体律动、队型变换来丰富表演形式。这样一首简单的歌曲，融合了演唱、合奏、律动，成了形式多变、丰富多彩的综合表演，延伸了歌曲教学的深度和广度。

（五）分层学习与合作演奏

通过一定时间的口琴教学，学生由于不同的学习能力会产生不同的表演能力，教学可以通过分层要求采用各类合作形式，提高合作表演能力。如：可以让学生先感受歌曲，产生抒情优美的共鸣，再鼓励学生寻找主旋律中的主音来创编二声部，个别学生可以完整地看谱视唱和视奏，部分学生可以选择单音视奏作为旋律伴奏部分。

如：$\frac{3}{4}$ 1 − 2 | 3 − 1 | 4 − 3 | 3 2 1 | 4 − 3 | 3 2 1 |

1 − − | 3 − − | 4 − − | 1 − − | 4 − − | 1 − − ‖

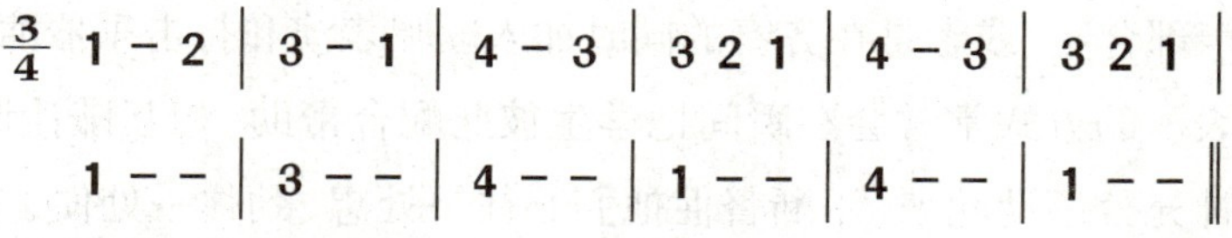

通过分层口琴吹奏，学生能清晰地了解“卡农”演奏形式，在反复轮奏熟悉后就能稳定地唱出轮唱效果，并为歌曲创编二声部的和声。完整

表演歌曲时，第一遍齐唱加入口琴吹奏的和声，第二遍进行二部轮唱和轮奏，这样全班学生都能参与活动，合作完成歌曲表演。

三、学生多种感官联动参与，提高学生表演能力

良好的课堂氛围、动静结合的教学环境需要学生自觉遵守纪律来维持，而口琴学习是培养学生聆听与合作的有效途径。口琴学习使学生人手一把琴，只有在生生团结合作的前提下，才可以使教学顺利开展，使个性得到充分体现。

通过教学实践，把口琴学习运用到音乐课堂中，可以大大提高学生的主体性、积极性和参与性。许多学习困难的学生虽然识谱和吹奏能力较其他学生弱，但他们改变了以往吵闹、浮躁的学习态度，对音乐课的兴趣明显提高，歌声甜美了，动作轻了，耳朵也灵敏了。在这些合作的音乐游戏活动中，学生不仅学会了相关的本领，体会到了音乐活动的快乐，更为重要的是，在合作学习中，学生学会了与他人交流互动、与他人对话，锻炼了胆量，增强了自信心。在这样的学习方式中，“知识与技能”的目标达到了，“过程与方法”“情感态度与价值观”的目标也达到了，可谓一举三得。

四、总结

在小学音乐教学中，乐器演奏对学生合作能力的培养起到了潜移默化的作用。学生口琴吹奏及打击乐器伴奏的合作表演形式用歌唱、舞蹈、角色扮演等丰富的合作表演方式来表现歌曲或乐曲，不管是多人齐奏，还是分声部合奏，或者是在齐奏的同时加入歌唱表演和打击乐器演奏，这种综合表演的方式常常会在瞬间把学生彼此配合帮助、相互谦让调整的团队精神充分调动起来，不断督促他们心往一处想、劲往一处使，共同吹奏出和谐而悠扬的乐声，营造出一个轻松愉快的学习氛围。这样的氛围加强了生生之间的合作交流，使学生增强自主学习意识，产生更强的求知欲

和探究欲，在合作交流中敢于表现自己、敢于质疑、敢于争论，也使学生乐于学习、乐于交流、乐于参与，最终达到“学会”与“会学”的境地。口琴教学中采取合作的学习方式，能够让教学更轻松愉快，让学生学得快乐有效，使音乐课堂充满生命的活力，散发浓浓的人文气息，有效地推动课堂教学成效，达到培养和提高学生交际能力、自主学习能力和创新能力的教学目标。

上海市浦东新区上南实验小学 周玲霞

在口琴教学音乐各要素的处理中培养学生的综合表演能力

器乐进课堂作为一种潮流或趋势，已经为广大音乐教育工作者所认同。口琴教学作为器乐教学的一个重要组成部分，大量存在于日常的音乐课中。音乐教师应让学生在口琴教学中学会吹奏口琴、掌握口琴吹奏的基本技巧，在口琴教学中借助各音乐要素的处理，使学生不仅可以掌握基本的吹奏技能，而且可以提高音乐表现力，从而达到培养学生综合表演能力的目的。

音乐表现要素所涵盖的内容其实是非常宽泛的。对自然界和生活中的各种声音的感受与体验，对人声和乐器声的感受与听辨，对力度、速度、音色、节奏、旋律、和声等音乐要素的聆听与体验，对音乐结构的感知以及对旋律的起伏、力度的张弛、力度的强弱、速度的快慢、音色的浓淡及调式的明暗的感受等都是其涵盖的范围。作为在小学音乐课中实施的口琴教学，其实也无须对方方面面都加以考虑。教师应该选取适合小学生年龄和认知特点，并与他们所应掌握的口琴表演的基本能力相匹配的部分来进行实践与探究。

一、通过速度的改变,感受音乐作品情绪的变化

速度即音乐进行的快慢,是表现音乐的极其重要的要素之一。通过速度的改变,我们可以使音乐的情绪有极其强烈的变化。音乐的速度和乐曲的内容是密切相关的。有时出于音乐表现上的目的,演奏者将一支旋律用不同的速度处理而获得不同的音乐形象也是完全可以的,这样的速度处理方式可以用于口琴教学。一般地说,表现激动、兴奋、欢乐、活泼的情绪,是与快速相配合的;田园风光的、比较抒情的则往往和适中的速度相配合;悲伤、哀叹的音乐情绪往往运用的是慢的速度……

在小学口琴教学中,学生接触的曲目大多比较短小,尤其是低年级的作品更加简短,教师可以在结构上做出一些改变。譬如,本来一段体的作品,可以改编成A—B—A三段体的结构,改编的要素就是速度的变化。例如:《草原就是我的家》这首蒙古族儿童歌曲,教师可以引导学生在口琴吹奏时对作品进行速度上的变化,用慢—快—慢的速度形成不同的段落。慢速的段落抒情优美,仿佛描绘了蓝天白云之下的草原一片苍茫、无边无际,牛羊在低头吃草,宁静而优美;快速的段落欢快而热烈,好像描绘了草原上在进行那达慕大会,羊儿在欢叫,马儿在奔跑,繁忙而热闹;在第三部分慢速处理后,感觉草原又恢复了平静,牛羊在暮色中悠闲自如……值得一提的是,学生在吹奏口琴的速度处理中,慢速的旋律需要连贯的气息来支撑,快速的旋律需要熟练的演奏技巧来完成,运用好气息,处理好速度,才能更好地表现音乐。

二、通过力度的改变,感受音乐作品情感的变化

音乐中音的强弱称为力度。音乐的力度与音乐中的其他要素一样,是塑造音乐形象和表达音乐思想的重要手段。通常,音乐中表现音乐强弱的等级从三个“f”到三个“p”,一共有八个级别的变化,再加上渐强、

渐弱、突强、突弱等，表现的手段与方法还是非常多的。较强的力度通常可以表现雄壮有力、热烈隆重的音乐形象，而比较弱的力度则可以表现温婉抒情、宽广柔美的音乐形象。

在口琴教学中，力度变化既可以在演奏人数不变的情况下，通过气息力度的控制来实现，也可以通过参与演奏人数的改变从而达到音量的改变来实现，两者可以结合具体作品灵活运用。在进行人数增减变化的力度处理时，可以将学生分成若干小组，依照乐曲需要的力度变化逐渐加入或者退出，从而通过音量的起伏、力度的变化来体现音乐作品情感变化所带给人们的震撼力。

三、通过节拍的改变，感受音乐作品形象的变化

音乐的节拍是指强拍和弱拍的变化组合规律，节拍在表现音乐风格和音乐形象中的作用是非常明显的。由于小学生接触的儿童歌曲通常只是一种节拍构成的，教师可以引导学生对音乐作品加以节拍的变化创编。二拍子通常比较适合表现活泼欢快的音乐，而三拍子由于有摇曳的感觉，比较适合表现抒情优美的舞蹈场面。

例如歌曲《乃哟乃》是一首土家族儿童歌曲，非常欢快活泼。在教学中，可以先以歌曲原定的二拍子来演奏，表现歌曲中土家族孩子欢快的活动情景。在掌握了二拍子的演奏之后，教师可以提出新的要求，让学生把歌曲改编成三拍子的乐曲。在其他音乐要素都没有改变的前提下，节拍改变之后，乐曲的情绪就变得抒情优美多了，在表达的音乐形象上似乎更多地变成了围着圈旋转着跳舞的形象。

四、通过音色的改变，感受音乐作品风格的变化

口琴有很多种，各种口琴的音色也不相同，不同类型的口琴由于其构造和发声原理的不同而产生音色上的差异。随着学生年级的升高，学生与学生之间的演奏能力存在比较明显的差异。这时候，选择不同类型的

口琴,既可以满足部分学习能力较强的学生学习的需求,又可以大大提高口琴演奏与合奏的表现力。24孔复音口琴,由于价格便宜,容易学习,所以是大部分学校在开展口琴教学时的首选。十孔口琴又叫布鲁斯口琴,是欧美十分流行的一类口琴,其适合演奏一些具有民族风味的曲子。由于口琴的音色与手风琴的音色比较接近,东欧一些国家的音乐作品就十分适合运用十孔口琴来演奏它的前奏或者间奏,从而来体现出浓郁的东欧地域风格和民族音乐风格。例如,在教学捷克民歌《我和提琴》时,若提取作品中最重要的乐句稍加改变,作为歌曲的前奏,由十孔口琴独奏出来,瞬间使得捷克乡间的味道弥漫在教室中,使学生感受到异域音乐的特点。

五、通过和声的变化,感受音乐作品丰富的变化

和声是音乐表现的重要手段,但是对于小学生而言似乎又有点难度。如何在不增加学生学习负担的前提下,让学生通过口琴演奏创造出丰富的变化,就是音乐教师在口琴教学中应该追求的方向了。通常在小学阶段,学生歌唱的曲目基本上以单声部的旋律为主,合唱时由于对音准的要求很高,在普通教学班中开展也比较困难。但是口琴教学中多声部的练习却不存在音准难度大的问题,只要各自把自己的声部演奏出来,音准就没有问题了。

开展口琴合奏教学的方法是多种多样的。

一是轮奏。轮奏是口琴教学中多声部练习最简单的形式。值得注意的是,不是每一首乐曲都适合进行轮奏的,教师要按照作品的和声特点来决定是否进行轮奏。而且从哪个部分开始轮奏也很有讲究,一小节、两小节还是一乐句地轮奏都需要教师事先分析好作品来进行合理的处理。

二是为乐句句末的长音或者休止的地方加上补充句,这也是小学生在口琴学习中进行和声创作的简单有效的方法。

三是设计一个简单的可重复的音型为乐曲的主旋律伴奏，使伴奏声部和主旋律之间构成美妙的和声。

四是选择为指定的旋律用上下三度、四度模仿的方式，与主旋律构成三度或四度和声也是简便易行的方式。

以上这些方法，教师应该根据所奏作品的特点选择使用，有时可以在一首作品中综合使用。在演奏的时候必须要求学生仔细听辨，感受和声丰富的变化。

六、总结

总之，教师在平日教学中，应以口琴教学为载体，以音乐中各要素的处理为突破口，在教学中根据学生的认知特点和能力水平，持之以恒地通过口琴教学实践培养学生的综合表演能力。

上海市浦东新区北蔡镇中心小学　曹忠

在口琴分层教学中培养学生的合作表演能力

《上海市课标》明确指出器乐教学是音乐课堂教学中重要的手段与内容，器乐教学对于激发学生学习音乐的兴趣，提高学生对音乐的理解、表现和创造力等具有十分重要的作用。口琴作为学具，体积小、携带方便、吹奏要求易于达成。在小学音乐实践活动中，可以通过让学生掌握口琴的基本吹奏方法、熟悉不同吹奏方法、参加各类演奏实践活动来培养学生的合作表演能力。在教学实践中应以课堂教学为基础，开展口琴教学基础课程，以口琴社团活动为提升，对不同学习能力的学生进行分层教学，满足学生的表演需求与表现欲，培养学生综合的合作表演能力。

一、重视音乐课堂教学，普及口琴吹奏教学

在音乐课堂教学中，教师应根据学生的年龄特点及教材内容进行口琴基础教学，使学生能在课堂教学中掌握一定的口琴吹奏基础，提高学生学习兴趣，让学生认识、了解口琴，感受口琴吹奏的乐趣，满足不同学习能力的学生的学习需求。将歌唱教学部分、乐句的吹奏与欣赏教学部分主题的吹奏相结合，设计满足不同年级学生的口琴吹奏需求的内容，使学生在基础吹奏过程中能提高学习兴趣，与同学、教师进行器乐旋律的接龙和合奏，能使乐曲保持一定的完整性，让学生取得充分参与实践的满足感。

（一）开设口琴教学准备课，培养基本吹奏能力

在口琴准备课上，教师应为学生讲解口琴的构造、口琴的种类、口琴的保养、口琴的基本持法、口琴的吹奏姿势及口型，让学生认识口琴上的高低音及口琴上的音区分布，并且讲授学习口琴的注意事项，例如清洁卫生及不随意吹奏等，以使口琴教学正常开展，使学生具备基本的吹奏能力。

（二）掌握基本单音练习，尝试简单吹奏

口琴的单音练习从吹开始，如，do、mi、sol，再教学吸的re、fa，这些五度内的单音，学生学会后会有许多世界名曲可以练习，既简单易学又能提高学生学习兴趣。

例如：学生在一年级第一学期学会了在口琴上吹do、mi、sol三个音，在第二学期《洋娃娃和小熊跳舞》的教学中，教师可以让学生分组学习吹do、mi、sol和do、mi、do这两组音，而前面复杂的十六分音符的节奏由教师来用钢琴弹奏，在每一乐句结束处进行旋律的接龙，学生的学习兴趣会大大提高，感觉自己可以完整演奏整首欢快的乐曲似的。

同样是《洋娃娃和小熊跳舞》这首乐曲，有些学生在课堂上学会了do、re、mi、fa 、sol这五个音，那么可以让这部分学生尝试将第一、二

乐句的前三小节的旋律在口琴上模拟出来，由于这部分的十六分音符组成的节奏比较密集，学生吹奏的速度可以适当放慢。待学生练习熟练后，教师、学生一起进行旋律接龙，密集的前十六节奏的学习也迎刃而解。

在此基础上，对于学习能力更强的学生可以顺势教la这个单音在口琴上的位置，在第三、第四乐句的第一小节的学习练习后，这首乐曲就能完整吹奏出来了。这样通过层层递进的方式，在同首乐曲中，尝试不同学习层次的分配，让各种学习能力的孩子在不同程度上进行学习和练习，不仅满足了各类学习层次的孩子的学习需求，也培养了学生的学习兴趣，更在各类学习层次布置的过程中，带动了学习层次不够高的孩子的学习积极性，使口琴教学更有效。

（三）分层单音练习提高合奏能力

学生通过单音练习，掌握了一定的演奏技巧，不同学习能力的学生通过教师设计的分层单音练习，进行不同程度的合作吹奏，形成良好的、有效的合奏效果，从而提高学生的合作表演能力。

例如：四年级第二学期的歌曲《叶儿船》，一般情况下大部分学生能够吹奏其第一、二乐句，但是部分学生在以往的学习过程中，基础训练不达标，不能把乐句连贯地吹奏出来。因此，教师可以设计比较简单的乐句开头的单音吹奏四拍来为主旋律伴奏，最后一小节落音在la上，这样既有合奏的效果，又降低了吹奏的难度，使学习困难的学生也能跟着音乐一起演奏。

学习能力强的学生可以演奏《叶儿船》的第三、四乐句，并能将抒情、连贯的旋律特点表现出来，通过生生旋律接龙，将歌曲前半段活泼跳跃的情绪与后半段抒情流畅的情绪进行比较，完整吹奏歌曲。

音乐是人类最古老、最具普遍性和感染力的艺术形式之一，是人类通过特定的音响结构实现思想和情感表现与交流的必不可少的重要形式，通过这样的合作，可以提高不同学习层次能力学生的演奏水平。

（四）发挥学生个性提高合作吹奏能力

学生各有特长，在音乐课堂中，教师要善于发现学生的个性，将各类特长的学生进行有效的组合，通过集体表演的形式进行合作表演。上海市音乐课程标准提出小学音乐教学应以音乐审美为核心，以兴趣爱好为动力，面向全体学生，注重个性发展，重视音乐实践，充分利用音乐艺术的集体表演形式和实践过程，培养学生良好的合作意识和在群体中的协调能力。

在教学补充资料《军队进行曲》时，教师可以根据学生的不同表现能力进行分组，比如主旋律吹奏组、单音伴奏组、和弦组、打击乐器组等，还可以加入指挥、歌唱组、律动表演组，充实表演形式，满足学生不同的表演需求。

在演奏过程中，教师可以加入钢琴演奏，将学生在口琴上无法吹奏出的临时变音进行演奏，丰富口琴吹奏的表演形式，提高学生的合作表演能力。

二、加强合奏训练，提高学生综合表演能力

很多学生在音乐课堂上学到了基本的单音及旋律伴奏形式，这些基本技能已经不能满足学习能力强的学生的学习需求了。在学校社团活动中，由学生自主报名组建口琴社团，社团指导教师在口琴社团中根据学生的水平进行更多更高口琴吹奏能力的教学。在教学过程中，教师可以根据学生的口琴吹奏的学习层次，设计合作演奏乐谱，以取得更佳的演奏效果。

（一）教授各类吹奏方法，提高学生的口琴吹奏能力

在小学阶段的单音学习后，可以适当地对学生进行和弦奏法的训练，比如单音是do的音可以用do、mi、sol一起吹出来，单音是re的音可以用re、fa、la一起吸出来，当然具体乐曲要进行具体处理；手震音也可以适当学习一下，左手握琴，双手手心合盖，右手不断扑动，发出“汪汪”声，即手

震音；颤音演奏法也可以尝试，二度音连续反复，用右手将口琴左右快速移动；还有一些装饰音如倚音之类的快速吹奏，也能提高学生口琴吹奏的技能，像高音伴奏、曼陀铃演奏法、八度和音等难度较大的吹奏方法，以及琶音练习的方法可以在慢速的情况下进行适当的训练。

（二）提供多层次合奏乐谱，提高学生口琴合奏能力

在社团活动中，由于学生自身感兴趣喜欢参加，所以教师可以设计不同演奏水平的合奏乐谱，发挥不同学习层次的学生的演奏能力，激发学生学习热情，发挥学生特长，提高合奏水平。

例如，可以在口琴社团演奏巴赫的《小步舞曲》。这是一首三段体式的乐曲，教材中出现的歌曲《我们大家跳起来》是其中的第一主题，学生已在课堂上学会了。那么在社团活动中，我们可以让部分学生演奏此主题的主旋律，一部分学生吹奏和弦伴奏，一部分学生吹奏手震音，另外一部分学生可以用打击乐器伴奏，这样就丰富了第一主题的和声，使音效饱满，也使学生在合作演奏过程中得到了锻炼。第二主题的旋律性较强，可以由能够熟练吹奏旋律的学生和教师一起演奏，其他学生进行适当的律动及打击乐器伴奏。在反复再现的第三部分再进行第一部分的变化合作表演，形成A—B—A的曲式结构。这样既提高了学生的合奏表现能力，又提升了学生的音乐综合素养。

在教材歌曲《小白船》的演奏中，教师可以让学生自编自创各类伴奏音型，提高学生的自主创编能力，检验学习成效；乐曲《康康舞曲》的旋律简单，但可以用不同的速度来表现不同的音乐情绪，学生可以自主选择相应的伴奏音型及演奏速度，从而让学生在掌握一定的演奏技能的基础上运用音乐要素中的速度、力度来处理乐曲，在提高学生口琴吹奏的表现能力的同时，满足不同吹奏水平的学生的表演需求，培养学生的音乐综合素养。

（三）增加口琴种类，丰富合奏音效

口琴大体分为三种：24孔复音口琴、十孔布鲁斯口琴及半音阶口

琴。复音口琴音色较好，学生一般入门学习均购买此类口琴；十孔口琴为全音阶口琴，在演奏各类有变化音的乐曲时经常会用到。社团活动的学生可以在原来课堂教学中普遍使用的24孔复音口琴的基础上进行更多的选择，将原来复音口琴无法演奏的乐曲在半音阶、全音阶的口琴上进行不同调的乐曲的演奏，这样可以提高学生演奏的乐曲范围，使很多著名的乐曲也能在社团活动中进行演奏，大大提高学生的演奏水平和能力。

三、夯实音乐基础，形成个性

学生学习口琴由课堂到社团，由兴趣到爱好，既有普及与提高，也夯实了口琴演奏基础，发挥了学生的个性及特长。个别掌握扎实演奏技巧的学生可以在校内学习的基础上走向校外，培养终身学习的意识。在学校课堂教学、社团活动内容不能满足学生学习需求的情况下，学生可以参加校外的各类交流、演出活动，满足更高的展示、交流需求。在各种展示活动中，教师要发挥特长学生的表演能力，让其担任独奏、领奏，发挥其独特同时也要顾及大多数学生的齐奏、合奏的表演需求，活动中增加曲目，丰富音效，提高学生整体的演奏综合水平。

四、小结

在口琴学习的实践活动中，通过分层教学，学生在音乐课堂上具备基本的口琴吹奏能力，掌握良好的表演形式，在社团活动中形成能够发挥自己特长及展现个性的表演能力。合作表演能够满足各类学生的学习需求，让学生学会与人相处、与人合作，提高合作表演能力。

上海市浦东新区高桥镇小学　万晓春

论口琴社团中学生合作表演能力的培养

《上海市课标》指出，器乐演奏的基本方法与技能，对形成学生音乐表现的乐感和美感具有重要作用。这一课程标准实施以来，器乐教学逐渐成为小学音乐课程教学中极其重要的部分。口琴教学符合小学生的年龄特点，不仅能激发学生学习音乐的兴趣和思维的多向性，还能促进学生眼、耳、口、手、脑多种器官的协调发展，对培养学生的艺术才华、发展学生的智力有积极作用，使得学生在综合能力和综合素质等方面得到培养与锻炼。另一方面，当今世界是一个高度合作、竞争的社会，只有善于合作的人，才能获得更大的生存空间，赢得发展。因此，学校教育必须培养学生的合作交流意识和能力，以使学生将来能适应社会发展的要求。笔者作为音乐教育工作者，在本课题中从口琴教学的角度出发，将其与学生合作能力相结合，力图通过口琴集体吹奏教学培养学生的合作表现能力。

实施与推广口琴教学的教学成效显而易见，同时我们也认识到：口琴教学不应局限于有限的教学时间，正因上述口琴教学的种种作用与特点，更应将其推广延伸到课外的领域。针对部分口琴吹奏能力较强并对口琴吹奏表演有兴趣的学生，可以创办口琴社团、组建兴趣小组、举办口琴表演竞赛等，在课堂教学的基础上进一步培养他们的口琴演奏技能与表演水平，通过听、唱、奏、演的艺术实践，来培养学生的合作表现能力，拓展学生兴趣，施展学生才艺，从而塑造学生的音乐表现力，提高学生的审美能力与素养。据此，本文围绕多声部吹奏教学，从集体“吹奏”和“表演”两大方面对如何在口琴社团中培养学生的合作表演能力进行阐述。

一、集体吹奏

多声部的吹奏强调声部的统一性、整齐性以及声部内部的和谐性，这就要求学生在吹奏的同时注意成员之间的协调与合作。因而，口琴社团在集体吹奏教学中应紧紧围绕多声部合奏，通过多声部练习曲、分声部练习与多声部配合、打击乐器伴奏、不同口琴种类合奏等方式，循序渐进，逐步增加难度的方式培养学生的合作吹奏能力。

（一）多声部练习曲

多声部练习曲作为口琴多声部吹奏的基础吹奏练习，亦遵守由易到难的规则。当学生的吹奏经过一段时间的同音、同度、八度、齐奏等课堂基础训练后，就可以渐渐加入多声部练习。可以从一条简易练习曲中衍生出多种变化练习，包括分解和弦与柱式和弦伴奏、高低声部合奏等。和弦吹奏可以采用大小三和弦的长音吹奏，如：

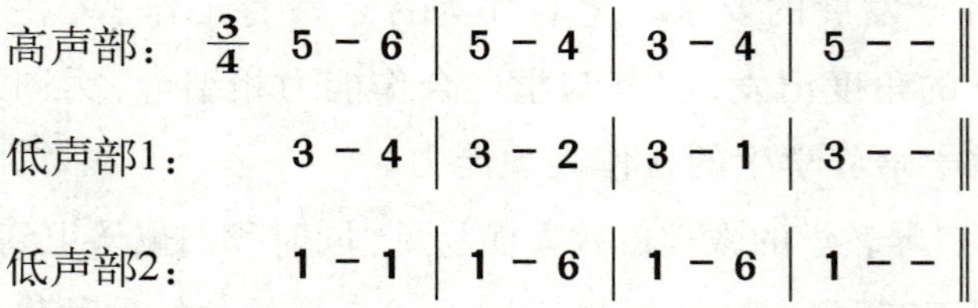

高声部：	$\frac{3}{4}$	5 − 6	5 − 4	3 − 4	5 − − ‖
低声部1：		3 − 4	3 − 2	3 − 1	3 − − ‖
低声部2：		1 − 1	1 − 6	1 − 6	1 − − ‖

在此基础上，可以采用四部和声连接的方式演奏一些和弦连接，如用T—S—D—T这样一些和声功能圈进行循环吹奏：

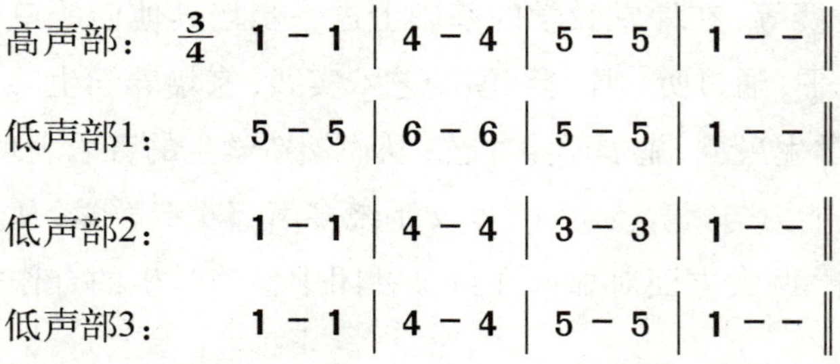

高声部：	$\frac{3}{4}$	1 − 1	4 − 4	5 − 5	1 − − ‖
低声部1：		5 − 5	6 − 6	5 − 5	1 − − ‖
低声部2：		1 − 1	4 − 4	3 − 3	1 − − ‖
低声部3：		1 − 1	4 − 4	5 − 5	1 − − ‖

也可进行高低声部的合奏变化练习，训练中高低声部亦可交换练习，如：

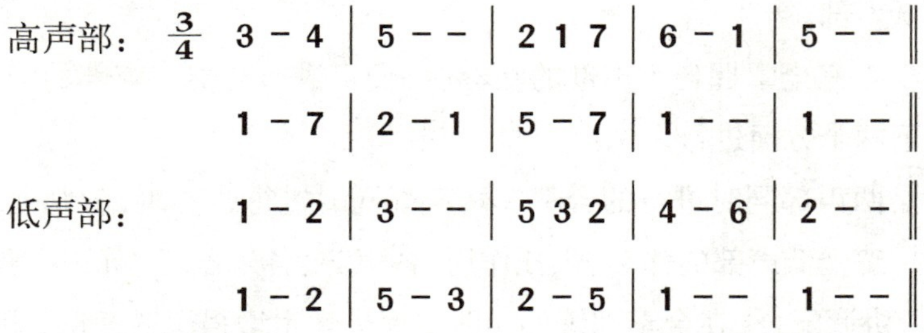

高声部：$\frac{3}{4}$ 3 - 4 | 5 - - | 2 1 7 | 6 - 1 | 5 - - ‖

1 - 7 | 2 - 1 | 5 - 7 | 1 - - | 1 - - ‖

低声部：1 - 2 | 3 - - | 5 3 2 | 4 - 6 | 2 - - ‖

1 - 2 | 5 - 3 | 2 - 5 | 1 - - | 1 - - ‖

长期的多声部练习曲训练，可以为学生打下良好的合奏基础，同时也可以为多声部乐曲的学习降低难度。

（二）乐曲的分声部练习与多声部配合

在常规多声部练习曲的基础上，再让学生进行乐曲的吹奏。口琴合奏要做到声部间的均衡、和谐与统一，就需要各声部学生熟练掌握乐曲的旋律、呼吸的调控和节奏的配合，因而乐曲的训练应遵循从聆听到分声部练习再到多声部配合的方式。

1. 聆听，提高声部敏感度

在以往的乐器合奏教学中，学生在演奏中常常只顾自己吹奏，缺少合作意识，造成声部的不和谐。因此，首先要让学生聆听乐曲，理解乐曲，感受演奏时的音效与情绪表现，了解合作的要求。例如《寂静之声》一曲，让学生闭眼聆听感受乐曲宁静致远的意境，并注意聆听两声部之间的配合以及低声部的和声效果。又如《康康舞曲》，先聆听感受乐曲欢快热烈的氛围，注意柱式和弦伴奏在曲中的音效与作用。只有对乐曲有了整体的印象，明白自己的声部定位，学生才能在演奏时正确吹奏表现乐曲。

2. 分阶段技能训练

在学生对乐曲有了整体的印象后，再进行分阶段的训练。此阶段主要是分声部训练以及之后的多声部配合。

在分声部训练时，学生需熟练掌握各自的声部吹奏。教师应根据学生的不同水平划分声部。如《寂静之声》一曲，高声部旋律跨度较大，低声部旋律的走向则相对平缓，因而水平较高者可吹奏高声部，水平较低者则吹奏低声部。

在学生完全掌握各个声部的吹奏后，便可进行合奏。声部的配合主要从以下两个方面进行训练：

一是两声部同时进行的合奏。两声部同时进行合奏时，教师尤其要指导学生感受低声部的伴奏、烘托作用，各声部、各乐器间“你中有我、我中有你”协调配合，在合奏训练的实践中促进学生增强团队意识。因而，教师应指导低声部的学生在吹奏时注意音量的控制，烘托出高声部的旋律，而在速度与节奏上又要与其保持绝对的一致。

二是低声部以和弦形式进行伴奏。学生在之前多声部练习曲训练的基础上，再学习乐曲的多声部吹奏就顺理成章了。低声部的和弦伴奏以分解和弦与柱式和弦为主。

以《马兰花开》为例来阐述分解和弦式伴奏。学生在反复的T—S—D—T的和弦行进训练后，吹奏乐曲《马兰花开》时，就大大降低了难度。该曲的高声部多为长音的延音吹奏，旋律则较为平缓，需要学生在吹奏的时候注意气息的维持，为低声部提供乐曲背景的烘托；低声部则是连续的分解和弦行进，音符较多，在控制气息与音准的同时，既要注意与高声部配合，保持音量适中，又要注意乐曲中所要求的和弦的跳跃感。由此，高声部的维持和低声部的行进使学生的合作演奏能力得到了极大的锻炼。

柱式和弦伴奏由于声部较多，从音准到节奏的变化都相对难以控制，因此在吹奏此类乐曲时对学生各声部的配合则有了更高的要求，甚至需要学生之间有一定的默契。例如乐曲《康康舞曲》低声部要以三和弦的形式进行连续的吹奏，这就要求低声部的学生在吹奏和弦时特别注意和弦的和谐统一，只有整齐划一的吹奏才能出现三和弦的和声效果。除此之外，还要注意与主旋律声部的配合，从节奏、力度、音量、吹法乃至情绪上进行完美的呈现，才能表达出乐曲热烈积极的气氛，如此，学生的合作吹奏能力必将得到极大的提升。

3. 打击乐器伴奏

从节奏入手,运用打击乐器伴奏进行多声部训练,不仅丰富了乐曲的层次感,也使得多声部合作训练寓教于乐,增强了学生兴趣。打击乐器的伴奏要求学生集中注意力,时刻聆听乐曲吹奏的进度,在适当的时候加入乐器伴奏。除了与口琴的配合,还有与其他打击乐器进行相互配合,只有这样才能让节奏流淌于音乐的律动中。如《康康舞曲》中大鼓、沙球、三角铁、串铃四样乐器分别在乐曲不同的节奏点进行敲击,大鼓必须在强弱变化上表现乐曲的气势,而沙球、三角铁和串铃则需通过音色和节奏点衬托出乐曲的韵律感,在与口琴的主旋律配合的同时,各个打击乐器之间还要相互穿插配合,这就对学生的合作表演能力提出了更高的要求。

4. 不同口琴种类与乐器的配合

课堂教学中所用的口琴一般为24孔复音口琴,通过社团活动,则可让学生接触更多的口琴种类,一方面相互配合分声部吹奏锻炼合作能力,另一方面开阔视野,增加乐趣。

口琴按实际性能来划分,主要有两种类型:一是独奏用的口琴,分为单音、复音和半音阶口琴;一是合奏用的口琴。此外,还有中音口琴、重音口琴、和弦口琴、低重音口琴(贝斯口琴)、笛声口琴。

根据小学阶段学生的生理和心理特征,口琴社团的训练以三重奏为主,主要用到高音口琴(24孔复音)、重音口琴、中音口琴。此外,除与不同的口琴种类进行合奏外,也可与其他乐器进行配合,如在中小学音乐教学中同样普遍的口风琴。口风琴的加入丰富了口琴吹奏的音色和乐曲的表现力,更拓宽了音域,也使得学生之间的合作吹奏加大了难度,同时又提高了学生的合奏兴趣。两种乐器之间的相互协调配合,不同声部的协调合奏,有利于进一步培养学生的合作表演能力。

需注意的是,在整个口琴多声部集体吹奏过程中,学生的聆听是贯穿始终的,从分声部练习到多声部配合,每一步都需要学生用心聆听——聆听旋律的进度,聆听声部的变化,聆听乐曲的声响效果,从而调整自己的呼吸、力度、音量等，没有聆听就无从合作，这是口琴多声部吹奏的前提与关键。聆听—多声部—分声部—聆听—合作，这样的模式在训练过程中循环往复，不断调适，直至达到最佳效果。

二、集体表演

除多声部吹奏外，社团中口琴的合作表现还包括了舞台上的集体表演。集体表演的性质决定了表演过程中需要有队形的变化与合作以及吹奏者与指挥之间的配合。

（一）队形的变化与合作

集体的吹奏表演需要有队形的变化以保证节目的可欣赏性。以《康康舞曲》为例，共28人参加表演，包括口琴社团14名学生、口风琴吹奏的10名学生，以及打击乐器4人，表演过程中共有三种队形变化。学生需要边吹奏乐器边进行队伍的变化，而变化的过程必须保持脚步的整齐与一致性，队形的变化有先后顺序，这就要求学生必须时刻注意观察周围同伴的行动，眼、耳、口都要调动起来，从而进行恰当的配合，只有这样才能保持队形的整齐与美观。

又如《小步舞曲》，乐曲的开始由学生排成两队向舞台中间边吹口琴边踏点步入场。舞步带动身体的左右律动，学生首先需控制气息以保持乐曲旋律的连贯性，同时要注意队形的配合，眼睛要注意自身的位置，保持整体的舞台效果，如此一来，对于培养学生在表演中的合作意识具有良好的效果。

（二）吹奏者与指挥的配合

指挥是整个乐队的中心，所有的声部都必须服从指挥。学生在没有指挥的情况下，会出现眼神乱晃、精神不集中等现象。学生须熟悉老师眼神的提示，了解跳跃、抒情、渐强或渐弱的手势规律，达到师生之间的相互配合，使学生的合奏能够达到最佳的表演效果。例如《康康舞曲》中几处重音的处理，指挥利用大幅度的手势及眼神示意口琴、口风琴、打击乐器各组需在此处加大力度，又通过手势示意打击乐停止，口琴和口风琴减小力度等，学生要做出及时的反应与配合以保证乐曲合奏效果的整体呈现。

三、结语

对于学生合作意识的培养是一个长期的课题。如何以音乐表现的视角，从集体表演入手培养学生的合作表演意识，从而树立合作意识，培养学生集体精神，是每一个义务教育阶段的音乐教育工作者需要思考的问题。通过口琴社团培养学生的合作表演能力是整个研究的其中一环，此外还需要诸如课堂教学、学校环境、家庭因素等多方面的配合。本研究仅以口琴社团的实践探究为例，望给广大的音乐教育工作者在培养学生合作意识的问题上提供一些有价值的参考。

上海市浦东新区高桥镇小学　李争鸣

第二章 小学口琴教学设计

课题：第三单元 课间 唱——《哦，十分钟》

上课学校：上海市浦东新区高桥镇小学

上课班级：三（2）班

执教教师：万晓春（上海市浦东新区高桥镇小学）

上课时间：2013年9月26日下午第二节

教学设计

【教材分析】

《哦，十分钟》是上海音乐出版社出版的九年义务教育课本《音乐》三年级第二学期第三单元“课间”中的一首非常欢快活泼的儿童歌曲，$\frac{2}{4}$拍，大调式。歌曲旋律轻松、愉悦，节奏轻快、跳跃，歌词清新、朗朗上口，贴近学生的校园生活，唱出了少年儿童冲破束缚、放飞心灵的渴望。

【学情分析】

课间活动时的情景，学生们再熟悉不过，特别是我校的健身活动中，自编自创了很多游戏，学生在课间一起跳房子、玩沙包、跳绳、踩高跷等，那种快乐的心情，每个学生都有过真实的体会。我校作为上海市浦东新区口琴教学推广基地，本届学生在三年级第一学期就开始了口琴学习，已经能将中音区的基本音吹奏出来，所以视谱学习对于本课时来说比较简单。适当地进行不同乐句旋律的对比，解决好后十六节奏，正确感受旋律的连贯与跳跃的对比以及休止符的演唱技巧，再学习歌曲旋律就水到渠成了。

【设计思路】

从听音乐进教室到边做动作边看一段自己课间的影像来导入新课，通过感受歌曲情绪激发学生参与的积极性。导入后创编课间游戏节奏，使学生了解歌曲节奏型，解决后十六节奏，在视谱及吹奏歌曲旋律时对比旋律的连贯与跳跃，了解反复跳跃记号。通过这几个教学活动，将学生带进课间休息时快乐的情景，让学生回忆课间的快乐时光与歌曲旋律的学习过程并进。以创编游戏节奏并为歌曲伴奏，学唱歌曲旋律及口琴吹奏部分旋律为主线，通过先听再唱、师生对唱、生生对唱、自主吹奏、小组合作表演等方式，结合听觉、视觉、肢体联动的方式感受歌曲、体验歌曲直至合作表现歌曲。

【教学内容】

1. 初步学唱歌曲《哦，十分钟》；

2. 创编课间活动节奏，口琴视谱吹奏，合作表演。

【教学目标】

1. 情感态度价值观：学唱歌曲《哦，十分钟》，感受歌曲欢快、活泼的情绪，表现歌曲所要表达的“朝气蓬勃”“欢乐愉悦”的纯真童年生活。

2. 知识与技能：创编课间游戏的节奏，即兴为歌曲伴奏，能用口琴吹奏部分歌曲旋律，用明亮、富有弹性的声音演唱歌曲。

3. 过程与方法：通过感受、体验、合作的学习方法，在听、奏、唱、创等多种音乐实践活动中，初步唱会歌曲《哦，十分钟》。

【教学重点】

用明亮、富有弹性的声音初步学唱歌曲《哦，十分钟》，感受歌曲欢快、活泼与抒情部分的情绪对比。

【教学难点】

创编课间游戏的节奏，即兴为歌曲伴奏。

【教学过程】

一、导入

1. 边听音乐边看一段课间活动影像

提问：这是校园里你们课间玩游戏的情景，你们玩游戏时心情怎样？

说明：用学生课间游戏影像配上歌曲伴奏来导入歌曲学习，能使学生将课间愉悦的心情带入课堂，延续课间欢快、热闹的情绪，为正确感受歌曲情绪做铺垫。

2. 让学生说说他们玩的游戏名称

3. 配上歌曲节奏型，让学生有节奏地说说游戏名称（配上歌曲节奏型）

4. 教师出示后十六节奏，让学生说说游戏名称，解决后十六节奏

说明：歌曲中的典型节奏型及后十六节奏在学生说游戏名称的过程中解决，这样可以降低歌曲难点的学习难度，使难点顺其自然地化解。

二、歌曲学习

1. 提问：听听歌曲是怎样表现我们课间十分钟的？歌曲情绪怎样？几拍子的？歌曲前后的情绪有没有变化？

2. 引导学生为歌曲创编节奏

3. 学生分组用打击乐器即兴为歌曲伴奏

说明：歌曲第一部分欢快跳跃，第二部分相对抒情愉悦，学生创作密集与宽松的两种节奏即兴为歌曲伴奏，能及时表现出歌曲两个不同部分的情绪。

4. 歌曲旋律学习

（1）教师出示第一、二乐句；

（2）师生对唱旋律接龙，找找旋律特点（相同、相似、模进）；

（3）师生交换接龙，口琴吹奏；

（4）教师出示第三、四乐句；

（5）学生进行2小节视谱；

（6）教师出示第五乐句；

（7）学生唱唱旋律，口琴吹奏旋律；

（8）师生通过模进创编第六乐句，并用口琴吹奏第六乐句；

（9）学生用lu哼唱不同的结尾，正确表现八分休止符；

（10）学生用lu连起来哼唱歌曲旋律，注意反复跳跃记号。

说明：歌谱较长，部分旋律可以用模唱形式进行学习，主要让学生感受表现轻松、愉悦的旋律与轻快跳跃的节奏，并体验到少年儿童活泼向上、富有朝气的形象。

5. 歌词学习

学生用齐唱、对唱的形式唱唱歌词。

三、歌曲表演

1. 小组合作表演

2. 综合表演歌曲

四、小结及单元诗

五、边唱歌曲《哦，十分钟》边离开教室

课题：　第一单元　甜美的梦幻　唱——《叶儿船》（第一课时）

上课学校：上海市浦东新区高桥镇小学

上课班级：四（2）班

执教教师：万晓春（上海市浦东新区高桥镇小学）

上课时间：2015年5月15日下午第二节

教学设计

【教材分析】

这节课的教学内容是上海音乐出版社出版的九年义务教育课本《音乐》四年级第二学期第一单元的歌曲《叶儿船》。《叶儿船》是一首甜美柔和的小调式歌曲，由四个乐句和一个结束句组成，歌曲描写了“叶儿船”在水中荡漾的情景，抒发了对美好生活的向往之情。

【学情分析】

作为小学中年级学生，四年级学生对于本单元“甜美的梦幻”中乐曲、歌曲所描绘的意境已有体验与学习，并且掌握了口琴的基本吹奏能力，能在视谱过程中进行部分旋律的视奏，从而降低视谱难度，提高学生音乐的综合素养，在小组合作表演的过程中培养学生的合作表演能力。

【设计思路】

本课由复习歌曲《愉快的梦》进教室作为导入，要求学生根据音乐边唱着歌进教室边用肢体语言表现歌曲，在单元诗中进行梦幻曲的伴奏，创设音乐意境。歌曲新授部分的设计运用了听唱法，让学生在各种音乐情景活动中感受歌曲，充分体验歌曲优美的情绪；通过肢体语言表演、即兴创编打击乐器节奏为歌曲伴奏、小组合作学习歌曲，并为学生设计不同学习能力的简谱、五线谱及字母谱来帮助学生学习歌曲旋律；在学习过程中培养学生自主学习的能力，发现歌曲中旋律的重复部分。教师及时运用哼唱法解决教学难点——圆滑线，通过朗读来引入歌词的学习，在学习第二段歌词时培养学生自学的能力，并适当加入对歌曲处理的指导。

【教学内容】

1. 复习歌曲《愉快的梦》；

2. 学习歌曲《叶儿船》。

【教学目标】

1. 情感态度价值观：学唱歌曲《叶儿船》，感受歌曲幽静甜美的情绪，抒发对美好生活的向往之情。

2. 知识与技能：通过听唱法学会演唱歌曲，感受美好的童年生活。

3. 过程与方法：采用感受体验、自主学习、器乐辅助、听唱结合、生生、师生互学等方法学会歌曲《叶儿船》。

【教学重点】

运用听唱法学会演唱歌曲，掌握圆滑线和一字多音的运用与演唱。

【教学难点】

运用示范吹奏（演唱）等形式来掌握附点节奏。

【教学过程】

一、听音乐进教室

说明：听着歌曲《愉快的梦》进教室，为学生创设音乐情境情绪做铺垫。

二、歌曲复习

复习歌曲《愉快的梦》及主题诗。师生有感情地朗读主题诗，并让学生说说他们的梦想。

三、歌曲新授

1. 导入

（1）教师揭示课题：《叶儿船》；

（2）学生感受歌曲：随着音乐《叶儿船》律动，感受音乐风格、情绪。

说明：为学生创设情境，突出主题；通过对比两首意境相仿的歌曲，让学生体会各自不同的音乐风格、情绪。

2. 感受歌曲

（1）再听音乐，体验乐曲的拍号，并用强弱规律及随音乐按照$\frac{4}{4}$拍指挥图示指挥；

（2）即兴创编打击乐器节奏为乐曲伴奏，随着音乐《叶儿船》律动，用肢体语言表现音乐风格、情绪。

说明：让学生在聆听和模仿的过程中感受歌曲、熟悉歌曲，为歌曲学习做好铺垫。

3. 歌谱学习

出示歌曲部分旋律：用听唱法学唱歌曲，用lu哼唱（掌握圆滑线）。

（1）学生视谱学习歌谱；

（2）师生接龙学习歌谱；

（3）学生自主学习难点，出示第三乐句（注意附点节奏）；

（4）学生口琴吹奏部分歌谱；

（5）为不同学习能力的学生提供不同的乐谱，视谱唱奏歌曲旋律，培养学生的学习兴趣。

说明：在师生接龙、口琴吹奏歌曲部分旋律的过程中，降低学生学习难度来帮助解决视谱难点，并用字母谱、五线谱、旋律谱为不同学习能力的学生提供不同的学习平台。

4. 歌词学习

（1）听范唱，仔细聆听歌词；

（2）朗读第一段歌词；

（3）初步学唱歌词（第一段）；

（4）个别反馈、解决难点；

（5）完整演唱（第一段）；

（6）自主学习第二段歌词及结束句；

（7）完整演唱（第二段）；

（8）完整演唱歌曲。

说明：在听觉与肢体联动的感受下，学生在聆听和模仿中熟悉歌曲旋律，并在师生接龙、口琴吹奏的帮助下解决歌谱难点，同时在哼唱中及时掌握圆滑线的运用，又在有感情的歌词朗读中体会美好的童年生活，为歌曲处理埋下伏笔。

四、小组综合表演歌曲

五、课堂小结

教师：梦是缥缈虚无的，可是梦想却是我们前进的动力，每个人都要有一个梦想，每个人都要为梦想而努力，只有这样，理想才会变为现实，美梦才会成真。

课题：　第三单元　牧笛声声　听——《紫竹调》

上课学校：上海市浦东新区北蔡中心小学

上课班级：五（5）班

执教教师：万晓春（上海市浦东新区高桥镇小学）

上课时间：2013年10月18日下午第一节

教学设计

【教材分析】

本课选自上海音乐出版社出版的九年义务教育课本《音乐》五年级第一学期第三单元，主要教学内容是听《紫竹调》，感受乐曲优雅、委婉的韵味以及江南丝竹的独特魅力。乐曲《紫竹调》原系江苏南部民间小调，具有较强的叙述性，含蓄委婉，通俗流畅，常作为地方戏剧中亲人之间情感倾诉与表达的唱腔，是中国南方最流行的民间音乐，江南丝竹的独特魅力，使其成为世界上的文化遗产。

【学情分析】

作为小学高年级学生，已在四年级时对民乐知识中的乐器的分类有了初步的认识，所以在五年级学生中，由原先的知识迁移到对江南丝竹的了解是顺理成章的，学生的音乐视野也会由此打开。在感受江南丝竹音乐魅力的同时，加入口琴吹奏主题旋律，适当进行各地地方民歌的对比欣赏，可以加深学生对本土音乐的了解。在师生和谐合作表演沪剧及小组合作表演的过程中，培养学生合作表演能力，并使学生再次体验到乡土文化的魅力，传承优秀的文化遗产，弘扬民族文化。

【设计思路】

本课通过竹笛的音乐声和创设的江南水乡的背景画面，带学生进入美妙的江南，营造富有文化底蕴的氛围，并以听觉在先，感受乐曲优雅、委婉的韵味，复习巩固竹笛的音色，引出其他民族乐器，在民乐合奏的版本中听辨其他民族乐器的音色。口琴吹奏主题旋律，将北方的音乐与南方音乐做对比欣赏，感受出江南音乐的基本特点。介绍沪剧名段《燕燕做媒》，学生哼唱乐曲旋律片段，拓展学生的音乐视野。布置网上查询资料的任务，将课堂内容延伸至课外，培养学生探究民族音乐的浓厚兴趣。适当渗透民族精神，为民族文化的传播和弘扬打好基础。

【教学内容】

1. 听赏竹笛演奏的《紫竹调》；

2. 听赏民乐合奏的《紫竹调》；

3. 对比欣赏南北方音乐；

4. 哼唱沪剧名段《燕燕做媒》；

5. 小组合作表演。

【教学目标】

1. 情感态度价值观：听赏民族乐器合奏的《紫竹调》，感受江南丝竹委婉流畅的音乐特点，激发学生热爱本土音乐的兴趣。

2. 知识与技能：了解民族乐器中的“四大件”，并能跟着音乐哼唱旋律，用口琴吹奏主题旋律。

3. 过程与方法：通过情景感受和对比欣赏，体验乐曲描绘的意境，并能以小组合作的方式表现音乐。

【教学重点】

感受乐曲优雅、委婉的韵味以及江南丝竹的独特魅力。

【教学难点】

了解江南地区音乐旋律、节奏、风格的基本特点。

【教学过程】

一、听笛子演奏的《紫竹调》,边表演边进教室

（1）教师提问：乐曲将你带到了什么地方？请你用语言描绘一下。

（2）教师提问：你能听出乐曲是由什么乐器演奏的吗？你还知道哪些民族乐器？

说明：请学生在悠扬的笛声中边听音乐边进教室时感受江南水乡的意境，是对前面音乐欣赏《牧笛》知识的巩固，并可以引出民族乐器中二胡、琵琶、扬琴，为听赏民乐合奏的《紫竹调》做铺垫。在此处可以适当地运用媒体出示一些江南水乡的图片，帮助学生进入音乐描绘的意境。

二、欣赏民乐合奏的《紫竹调》

1. 初听

（1）教师提问：音乐情绪怎样？

（2）教师提问：你能听出乐曲是由哪些乐器演奏的？

（3）学生边感受乐曲的情绪边模仿各种乐器演奏的姿势。

（4）音乐知识：琵琶、二胡、笛子、扬琴合起来被称作民族乐器的“四大件”。

（5）介绍江南丝竹，拓展音乐视野。

说明：学生的认识水平有不同层次，发挥班级中学习民乐的学生的特长，让学生听出民乐合奏中笛子、二胡、琵琶、扬琴等乐器的音色，并介绍江南丝竹的音乐知识，拓展学生音乐视野。

2. 对比欣赏

教师准备东北的《对花》音乐片段来进行对比欣赏教学，让学生感受江南音乐的委婉柔和，体会南方丝竹音乐的节奏、旋律特点。

3. 复听

（1）学生自主选择乐谱哼唱主题旋律，口琴吹奏主题旋律。

（2）教师出示主题旋律谱例，让学生感受不同乐器主奏的主题出现了几次。

说明：要求学生在听赏的时候用自由举手的方式表示感受到了乐曲主题的出现，并体验乐曲由不同乐器主奏的演奏形式。

三、拓展

师生互动合作表演沪剧名段《燕燕做媒》。

四、小组合作表演

说明：可以让学生发挥各自的特长，进行小组合作表演，可用江南水乡撑船的篙、扇子、丝带等道具来表现音乐的柔和与流畅。

五、小结

教师：紫竹调原系江苏南部民间小调，具有较强的叙述性，含蓄委婉，通俗流畅，常作为地方戏剧中亲人之间情感倾诉与表达的唱腔，乐曲以弦乐和二胡、琵琶、曲笛演奏旋律，颇具江南丝竹的风格，是中国南方最流行的民间音乐。

课题：第三单元 牧笛声声 唱——《紫竹调》（第一课时）

上课学校：上海市浦东新区高桥镇小学

上课班级：五（2）班

执教教师：万晓春（上海市浦东新区高桥镇小学）

上课时间：2015年12月1日下午第一节

教学设计

【教材分析】

本课选自上海音乐出版社出版的九年义务教育课本《音乐》五年级第二学期第三单元，主要教学内容是唱《紫竹调》。歌曲委婉动听，表现了农村孩子嬉戏玩耍的欢乐情绪。

【学情分析】

作为小学高年级学生，在前一课时欣赏教学《紫竹调》时感受到了江南丝竹委婉柔和的魅力，在哼唱主题旋律中，熟悉了旋律的韵律感。在本课时歌曲《紫竹调》学习中，适当进行对比视唱，帮助学生解决歌曲视唱难点，在多次听赏、感受的过程中学唱歌曲旋律，并运用口琴教学使学生在视谱及吹奏过程中学会歌曲旋律，并能演唱出歌曲《紫竹调》优美抒情的情绪。在听、唱、奏、演、创的教学过程中加深学生对本土音乐的印象，在小组合作表演的过程中，培养学生合作表演能力，传承优秀的文化遗产，弘扬民族文化。

【设计思路】

本课时从听音乐进教室、播放民乐合奏版《紫竹调》开始营造江南水乡优美柔和的意境。由于听、唱的《紫竹调》在旋律上基本相同，所以在歌曲教学前做好主旋律的对比视唱，让学生找出歌曲旋律和乐曲旋律中的相同点和不同点，能帮助学生解决歌曲视唱难点。通过多次听赏、在感受的过程中学唱歌曲旋律，并通过口琴教学，让学生在视谱及吹奏过程中学会歌曲旋律，正确感受及表现附点、十六分音音符、切分节奏、装饰音等组成的旋律，表现出委婉柔和的情绪。在小组表演过程中培养学生积极合作、互助学习的能力，演唱出歌曲旋律委婉流畅的特点。在综合表演过程中，尝试用沪语来演唱歌曲，加强学生对本土文化的喜爱，突出音乐的魅力，从而提高本土文化在学生心中的地位。

【教学内容】

1. 对比听、唱《紫竹调》主旋律；

2. 唱《紫竹调》；

3. 综合表演《紫竹调》。

【教学目标】

1. 情感态度价值观：感受歌曲委婉的韵味，提高学习江南民族音乐的学习兴趣，表达对农村生活的热爱之情。

2. 知识与技能：能听辨乐曲主旋律中的不同之处，并能视唱歌曲的部分曲谱。

3. 过程与方法：通过视谱、哼唱、口琴吹奏部分旋律，对比乐曲旋律，熟悉歌曲曲调，并能连贯地演唱歌曲。

【教学重点】

感受歌曲优雅、委婉的韵味。

【教学难点】

唱出歌曲优雅、委婉的韵味。

【教学过程】

一、听民乐合奏的《紫竹调》，边表演边进教室

二、复习巩固

1. 音乐知识巩固：二胡、笛子、琵琶、扬琴合起来称为民族乐器“四大件”

2. 唱唱乐曲《紫竹调》前七小节的旋律

说明：复习巩固上一节课的教学知识并哼唱主题旋律，为歌曲旋律的教学做好铺垫。

3. 口琴吹奏乐曲旋律

三、师生互动演唱沪剧片段《燕燕说媒》

1. 沪语大比拼

2. 角色扮演：沪剧片段演唱《燕燕说媒》

四、歌曲学习《紫竹调》

1. 教师范唱

让学生感受歌曲抒情优美的韵味，体会出歌曲表现了乡村姑娘自由欢乐地穿越乡间小路采花忙的情景，表达了对农村生活的热爱之情。

2. 学生哼唱歌曲

3. 学生对比歌曲《紫竹调》和乐曲《紫竹调》的主旋律并唱一唱

4. 学生分乐句哼唱旋律

5. 学生完整地哼唱,教师提醒学生注意旋律的连贯、流畅

6. 学生唱唱歌词,教师提醒学生注意一字多音的地方

说明:其实学生对歌曲的主旋律已经耳熟能详了,这里用哼唱的方式更能表现歌曲的委婉和柔和。

7. 学生分组演唱歌曲

说明:上海话对于本地学生来说已经日渐生疏,而非本地学生也应当适时接触,所以在师生演唱沪剧片段《燕燕说媒》的过程中,学生与对于本土文化有了密切的接触,相信学生随着对本土文化的了解会对其越来越喜欢。

8. 学生进行小组合作演唱歌曲

五、综合表演

六、小结

教师:歌曲《紫竹调》委婉流畅,是我们身边的本土音乐,民族音乐需要我们传承与发扬,相信越是民族的越是世界的!

课题: 第四单元 快乐的少年 听 ——《各国儿童心连心》

上课学校:上海市浦东新区高桥镇小学

上课班级:五(5)班

执教教师:迟娱(上海福山外国语小学)

上课时间:2013年9月26日下午第一节

教学设计

【教材分析】

本课选自上海音乐出版社出版的九年义务教育课本《音乐》五年级

第二学期第四单元，主要教学内容是欣赏合唱曲《各国儿童心连心》。这是一首曲调短小精练、情绪欢快而又热烈的儿童歌曲。采用$\frac{4}{4}$拍，羽调式，全曲只有四句歌词，一段体结构。歌曲在带有歌唱舞蹈性的音调中不时插入间奏中的拍手声，表现了各国儿童为友谊而歌唱的欢乐气氛。

【学情分析】

五年级学生已经掌握了多种表演能力，包括节奏律动和一些舞蹈动作。教师在活动过程中利用听觉和身体律动切入，培养学生的创造力；也可以了解每个学生不同的学习能力，将不同学习能力的学生分配在同一小组内，通过能力强的学生带动其他学生进行歌曲学习。将不同表现能力的学生组合在同一小组内，丰富表现形式，可以通过歌唱、打击乐器演奏、口琴演奏、歌表演等不同表现形式来表演歌曲，充实表现手段。

【设计思路】

本课时的教学思路以欣赏导入为先，听《各国儿童心连心》进教室。教师让学生模仿舞蹈动作，目的是既让学生在学跳舞蹈时潜移默化地熟悉歌曲旋律，又为后面的综合表演做铺垫。导入后请学生一边听歌曲一边尝试为歌曲创编合适的节奏律动，利用听觉与肢体的灵动性培养学生的创造能力。尝试运用听唱结合的教学方法，引导学生在欣赏的过程中熟悉曲调，寻找歌谱中相同的句子和难点，同学之间相互解决难点，培养高年级同学自主学习能力，同时体现同学之间互帮互助、纯真的友爱之情。在学唱主题旋律过程中，用“口琴吹奏”“师生对奏”等方式帮助学生熟悉歌曲曲调，提高学习兴趣。最后运用多种音乐表现形式，如舞蹈、小乐器伴奏、身体律动等对歌曲进行综合表演，旨在表现歌曲欢乐热情的情绪特点。在整个欣赏过程中，教师试图从歌曲欢快、热情的情绪展开教学，在欣赏—创编律动—学唱—表演等一系列的音乐实践活动中，感悟和平友谊的珍贵，珍惜现在校园里美好的童年时光。

【教学内容】

欣赏合唱曲《各国儿童心连心》。

【教学目标】

1. 情感态度价值观：欣赏童声合唱《各国儿童心连心》，感受歌曲所表现的热情、奔放、喜悦的情绪，体会少年儿童团结友爱的情感以及对美好童年的珍惜之情。

2. 知识与技能：了解歌词内涵，并能情绪饱满地哼唱衬词。

3. 过程与方法：在欣赏合唱曲《各国儿童心连心》的过程中，通过感受歌曲情绪、创编身体律动表现歌曲情绪、演唱衬词、口琴吹奏、演唱歌词、综合表演等活动，理解歌词所表达的希望“和平友谊”的内涵。

【教学重点】

欣赏童声合唱《各国儿童心连心》，感受歌曲表现的热情、奔放、喜悦的情绪，体会少年儿童欢乐的心情和纯真的友情。

【教学难点】

在感受歌曲欢快热情的情绪的同时，初步学会哼唱歌曲，创编舞蹈动作，表达欢乐的心情。

【教学过程】

一、导入

二、欣赏《各国儿童心连心》

1. 学生跟着音乐即兴模仿教师的舞蹈动作进教室

说明：在欣赏导入部分，教师所播放的歌曲就是《各国儿童心连心》，教师让学生模仿的舞蹈动作也是最后表演时所要用到的，目的是既让学生在学跳舞蹈时熟悉了歌曲旋律，同时又为最后的表演做了铺垫，可谓一举两得。

2. 欣赏歌曲《各国儿童心连心》

学生思考：歌曲的演唱形式是什么？歌曲的情绪是怎样的？

说明：开门见山出示课题，导入歌曲欣赏，感受歌曲表现的热情、欢快、喜悦的情绪，让学生体会少年儿童欢乐、纯真的情感，从一开始对学生渗透和平友爱思想的教育。

3. 身体律动，表现歌曲

（1）学生边听边思考可以为欢快的音乐配上哪些身体律动（出示完整谱例）。

（2）讨论可以用哪些身体律动，学生选择用自创的身体律动为歌曲伴奏。

说明：音乐教育应以体验为先，让学生在听觉体验的基础上跟着音乐律动，为歌曲创编合适的律动，培养了学生的创造能力，让学生在潜移默化中学会了衬词的演唱。

4. 学唱歌谱

（1）用lu完整哼唱全曲，找找有没有相同句或觉得有困难的句子，学生之间相互解决难点。

说明：寻找歌谱中相同的句子和难点，同学之间相互解决难点，能够培养高年级学生的自主学习能力，同时体现同学之间互帮互助、纯真的友爱之情。

（2）演唱衬词及部分主旋律。

（3）口琴吹奏部分主旋律，并与教师的钢琴旋律接龙。

（4）分组合作：学生口琴吹奏部分主旋律，教师钢琴弹衬词，衬词后休止部分拍手。

5. 学唱歌词

6. 完整演唱歌词

说明：学会用口琴吹奏主题乐句，能运用对音乐节奏韵律和基本情绪的感受体验，用整齐的速度和统一的音色音量有节奏地演奏课堂小乐器。在吹奏口琴的同时巩固歌曲的旋律，为完整地演唱歌曲服务。

三、表演歌曲

1. 为歌曲自主创编舞蹈动作

2. 部分同学展示舞蹈，其他同学用小乐器伴奏或用身体律动打节奏等说明：本环节试图通过多种音乐表现手段对歌曲进行综合性的表演，旨在表现歌曲欢乐、热情的情绪特点，从而抒发少年儿童对友谊和平的向往之情，达到课前预设的教学目标。

四、拓展欣赏

欣赏歌曲《我们共同的世界》，与《各国儿童心连心》比较情绪上有何不同。

五、小结

课题：第二单元　美妙的旋律　唱——《我们大家跳起来》

上课学校：上海市浦东新区高桥镇小学

上课班级：四（2）班

执教教师：李争鸣（上海市浦东新区高桥镇小学）

上课时间：2013年9月26日下午第一节

教学设计

【教材分析】

这节课选自上海音乐出版社出版的九年义务教育课本《音乐》四年级第一学期第二单元第一课。主要教学内容是学唱歌曲《我们大家跳起来》，并在此基础上进行简单的游戏表演和创意伴奏。歌曲《我们大家跳起来》以巴赫的《小步舞曲》填词而成，歌曲曲调轻松愉快，歌词形象生动，学生可以在自己设计的环境下进行歌舞表演，把每个人都跳起来的愉快心情表现出来。

【学情分析】

作为小学中高年级学生，对五线谱的视谱已较为熟练，具备口琴的基本吹奏技能，并能在视谱过程中进行部分旋律的视奏，因而教师在教学过程中可通过小组合作的形式，适当加入视谱自学的比重，培养学生的独立吹奏能力和小组合作意识。

【设计思路】

本课设计通过让学生以小步舞曲的踏点步听《我们大家跳起来》边律动边进教室，体验巴洛克音乐风格的小步舞曲；在自主探索中学习歌曲《我们大家跳起来》，感受歌曲的情绪，在乐器伴奏中掌握三拍子的强弱规律；在舞蹈中体验并表现三拍子乐曲的韵律特点。整节课学生通过听、吹、唱、跳等教学环节，以口琴吹奏为辅助，在活动中学习，丰富歌曲音乐活动的内容和形式，主动参与，学得扎实。课堂最后部分的小组合作表演让课堂进入学习的高潮。

【教学内容】

1. 学唱歌曲《我们大家跳起来》；

2. 掌握$\frac{3}{4}$拍的指挥图示；

3. 认识反复记号和反复跳跃记号。

【教学目标】

1. 情感态度价值观：用欢快活泼的情绪和明亮的歌声演唱《我们大家跳起来》这首歌曲，体验歌曲优美动听的旋律和轻盈明快的节奏，感受歌曲所表达的欢快情绪。

2. 知识与技能：在乐曲欣赏、歌曲演唱的学习过程中，体验、感知$\frac{3}{4}$拍的节奏韵律，认识并掌握其指挥图示，通过律动、舞蹈、指挥等方式来表现$\frac{3}{4}$拍的音乐。

3. 过程与方法：认识$\frac{3}{4}$拍的指挥图示、节拍含义，并初步运用。了解并掌握反复记号和反复跳跃记号。

【教学重点】

用欢快活泼的情绪和明亮的声音演唱《我们大家跳起来》，并用连贯的音调吹奏口琴，表现歌曲轻盈典雅的韵律。

【教学难点】

在感受歌曲欢快热情的情绪的同时，初步学会哼唱歌曲，创编舞蹈动作，表达欢乐的心情。

【教学过程】

一、导入

1. 边听《我们大家跳起来》，边跳踏点步进教室

2. 师生问好

说明：让学生在轻快活泼的音乐中边听边跳踏点步进教室，感受歌曲情绪与节奏韵律，为后面歌曲的教学做铺垫。

二、欣赏歌曲《我们大家跳起来》

1. 提问：歌曲情绪是怎样的？这首歌曲平时都在哪里听到过？

2. 复习三拍子的强弱规律

提问：这首歌曲是几拍子的？

3. 学习$\frac{3}{4}$拍拍号和指挥图示

4. 介绍曲作者巴赫，拓展音乐视野（观看《小步舞曲》视频）

说明：通过观看《小步舞曲》视频，让学生感同身受地沉浸在欧洲中世纪的巴洛克音乐和文化中，巴洛克文化包括男女的服饰和宫廷舞蹈。小步舞曲基本都为三拍子的节奏，是一种非常古老的舞蹈，起源于法国，后来发展为欧洲各国宫廷贵族们喜爱的一种社交舞蹈。

5. 即兴创编

学生选择合适的乐器创编节奏为歌曲伴奏

串　铃：$\frac{3}{4}$　0 X X ‖

双击筒：$\frac{3}{4}$　X X X ‖

三角铁：$\frac{3}{4}$　X – – ‖

说明：在学生掌握了$\frac{3}{4}$拍节奏后，以打击乐器为歌曲伴奏，帮助他们更加深刻地感受歌曲的韵律。

三、学唱歌曲《我们大家跳起来》

1. 认识反复记号和反复跳跃记号

2. 学唱旋律

（1）师生对唱，旋律接龙。

（2）完整演唱歌谱。

3. 分小组口琴吹奏歌曲旋律

（1）分三组每组自学乐句（其中反复的两个乐句是重复的，由同一小组吹奏）。

提示：用轻巧、跳跃的方式吹奏歌曲大跳部分的旋律。

（2）交换吹奏。

（3）完整吹奏歌曲。

（4）个别学生示范吹奏表演。

说明：① 由于本课的歌曲音域都是学生学习过的，因而可以采取自主学习的形式来进行旋律的学唱，提高歌唱的音准。可将学生分为三个小组，每个小组自学一个乐句，然后通过旋律接龙的方式将歌曲完整地吹奏出来，一方面提高学习兴趣，变化学习方式，另一方面降低完整吹奏的难度。② 三个小组进行换组吹奏，熟悉不同乐句的吹奏及旋律，提高吹奏能力。

4. 学唱歌词（注意跳音）

5. 完整演唱歌曲

四、歌曲处理《我们大家跳起来》

1. 歌曲演唱和处理

提问：运用断、连对比的方法演唱“唱起来”和“跳起来”，说说你认为哪个比较好？

（正确：在“唱起来”处可以用轻巧、跳跃的唱法加上跳跃记号。）

说明：注意“优美的音乐”的“音”是全曲唯一一处一字二音，把“唱起来”和“跳起来”处加上跳跃记号唱出来，可以增加轻快活泼的音乐情绪。

五、综合表演

选一个指挥，再将其他学生分为歌唱组、打击乐器组和舞蹈组。

说明：让学生按照自己的个性和喜好选择活动内容，分组情景表演能够让学生最大限度地投入音乐，培养学生的综合表演能力。

六、课堂小结

课题： 第三单元 课间 唱
——《我给太阳提意见》

上课学校：上海市浦东新区高桥镇小学

上课班级：三（1）班

执教教师：刘戎骄（上海市福山唐城外国语小学）

上课时间：2013年9月26日下午第一节

教学设计

【教材分析】

本课《我给太阳提意见》选自上海音乐出版社出版的九年义务教育课本《音乐》三年级第二学期第三单元“课间”。这首歌曲充满童趣，富于幻想和童话色彩。乐曲是大调式，$\frac{4}{4}$拍。旋律中运用了大量的连音线，形成了鲜明的切分特点，充分表现了少年儿童天真烂漫、善于幻想的年龄特点，也使歌曲的旋律富有跳跃的动感和时代的气息。歌曲前半部分的情绪以活泼欢快为主，后半部分时而平稳舒展，时而俏皮跳跃，表达了好像孩子们在跟太阳对话一样的欢乐情绪。

【设计思路】

本课主要教学内容是教唱歌曲《我给太阳提意见》，从人文方面入手，通过聆听感受、舞步律动、打击乐器伴奏来感受歌曲情绪，感受少年儿童富于幻想的天真形象，通过口琴吹奏部分旋律激发学生的学习热情，并掌握以及准确地表现出歌曲中的附点二分音符及跨小节连音线、切分节奏的难点。通过对比演唱、自主探究等方法来学唱歌曲旋律、歌词，能用欢快风趣的情绪、明亮且弹性的音色来演唱歌曲。自由展开想象联想创编歌词，通过小组合作演绎歌曲，共同关注环保，关注大自然，表达对更优良的生态环境和更美好的生活家园的无限期盼与向往。

【教学内容】

1. 学唱歌曲《我给太阳提意见》；

2. 口琴旋律接龙，创编歌词，小组合作表演。

【教学目标】

1. 情感态度价值观：带着风趣、调皮、欢乐的情绪演唱《我给太阳提意见》，感受歌曲所表现的少年儿童富于幻想的天真形象，引导学生对大自然和环境保护的关注。

2. 过程与方法：通过聆听和舞步律动感受歌曲情绪。用对比法、自主探究等方法来学唱、处理歌曲，用口琴等小乐器演奏部分旋律。

3. 知识与技能：能用欢快活泼的情绪以及明亮、有弹性的音色演唱歌曲，进一步掌握并准确地表现歌曲中的连音线、切分节奏。能用口琴吹奏部分旋律。

【教学重点】

能用欢快、明亮的音色和饱满的情绪演唱歌曲。

【教学难点】

能准确地表现歌曲中的连音线并用口琴吹奏部分旋律。

【教学过程】

一、导入

1. 边听音乐《阳光牵着我的手》边律动进教室

2. 创设情境

教师：刚才我们听到的歌曲跟阳光有关，今天我们课堂里的主角就是可爱的太阳公公。太阳送来的阳光一样多吗？我们把这些现象去告诉太阳公公好不好？

说明：听着《阳光牵着我的手》进教室，自然地把学生引入大自然的情境中。让学生发散思维，展开想象、出示图片提示，学生各抒己见，激发学生的学习热情，为创编歌词做铺垫。

3. 出示课题：《我给太阳提意见》

二、感受歌曲情绪

1. 初听

教师提问：歌曲的情绪如何？给太阳提了什么意见？

2. 复听

学生为动感的旋律配上舞步及响指，感受歌曲是几拍子的。

手	X	0	打响指	0	|
脚	X	X	X	X	|

$\frac{4}{4}$ ⟶ $\frac{\text{每小节4拍}}{\text{以四分音符为1拍}}$

$\frac{4}{4}$拍的强弱规律：强　弱　次强　弱

3. 再听

学生用小乐器创编四拍子节奏型为歌曲伴奏

说明：大致了解歌曲所演唱的内容，从舞步律动中感受歌曲四拍子的强弱规律，自主创编节奏型，充分感受歌曲旋律，为小组表演打基础。

三、学唱歌曲旋律

1. 出示四拍子节奏型

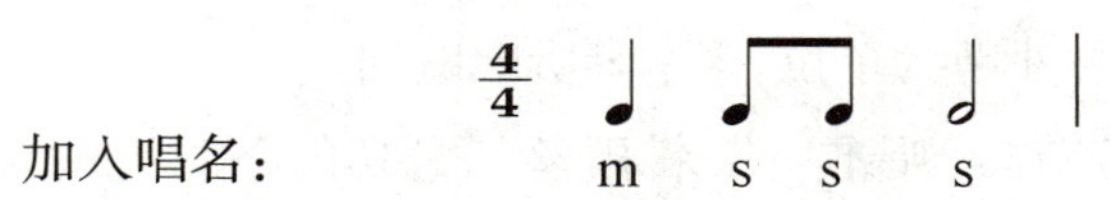

2. 加入连音线

连音线{相同的音：延音线
不同的音：圆滑线

说明：复习连音线的知识点，感受加入连音线之后的不同效果，解决歌曲中切分节奏的演唱。

3. 学习歌曲第一部分旋律

（1）附点二分音符的学习。

（2）找一找旋律中的附点二分音符，口琴吹奏、师生接龙。

（3）以四小节为单位，跟着钢琴听唱。

（4）完整唱第一部分旋律。

说明：结合附点二分音符，解决跨小节连音线难点。通过口琴吹奏接龙进行旋律的学习和节拍的把握，巩固口琴吹、吸不同的演奏方式。

4. 学习歌曲第二部分旋律

（1）注意反复记号的演唱顺序。

（2）以四小节为单位，跟着钢琴听唱歌曲旋律。

（3）反复，找出旋律特点。

（4）结尾句听唱。

5. 用lu哼唱全曲旋律

说明：通过自主探究，发现旋律之间的特别之处，巩固知识点。用lu哼唱统一声音位置，找到旋律正确的音高，更好地表达歌曲的情绪。

四、学唱歌词

1. 学唱歌曲第一部分歌词

（1）自学歌词，以两小节为单位，跟钢琴听唱歌词。

（2）提示注意切分节奏：唱准“借 来 雨丝”（急切的心情）。

2. 学唱歌曲第二部分歌词

（1）自学歌词，以四小节为单位，跟着钢琴听唱歌词。

（2）歌曲处理：对比范唱，“有弹性的”和“连贯、保持”（提意见的口吻）。

3. 完整演唱歌曲

（1）完整跟着钢琴伴奏唱。

（2）学生在之前舞步的基础上，创编舞蹈动作，师生共同表演。

五、创编歌词

开动脑筋，再给太阳提提意见，并用创编的歌词演唱歌曲。

六、拓展表演

1. 交流

出示环境破坏、空气污染的图片。

2. 小组合作

带着对大自然无限期盼的心情，小组合作共同创造一个美好的生态家园，完整表演歌曲。

说明：创设孩子们心目中最美的生活环境，从情感上得到更进一步升华，使歌唱状态更到位、音色更美。通过小组合作，情绪更加饱满，在美好的课堂氛围中表现歌曲意境，表达对美好的大自然充满信心和向往。

七、总结

八、边演唱《我给太阳提意见》边出教室。

课题：　第一单元　异国风情　唱——《剪羊毛》

上课学校：上海市浦东新区高桥镇小学

上课班级：五（2）班

执教教师：须佳琦（上海市浦东新区高桥镇小学）

上课时间：2014年9月15日下午第一节

教学设计

【教材分析】

本课选自上海音乐出版社出版的九年义务教育课本《音乐》五年级第一学期第一单元第二课，曲目为《剪羊毛》。歌曲《剪羊毛》是一首澳大利亚民歌，反映了牧场工人紧张的劳动场面和火热的劳动热情。歌曲为C大调，$\frac{2}{4}$拍，二段体结构，四小节为一句，结构方正，活泼轻快。歌曲第一部分运用重复、模进的手法发展而成，附点节奏使得第一部分更加活泼跳跃。第二部分音区移高，使得情绪更加高涨，表达人们劳动时的愉快心情。

【学情分析】

高年级的学生已经有了一定的演唱能力、欣赏能力及分析表现音乐的能力，并且掌握了口琴的基本吹奏能力，在学习的过程中，应加强对学生合作表演能力的培养，利用生动活泼的形式，鼓励他们参与到音乐活动中，以此培养、激发、发展他们的学习兴趣，创设共同合作交流的氛围。

【设计思路】

本课主要教学内容是教唱歌曲《剪羊毛》，感受歌曲的欢快情绪，歌曲所描绘的牧场工人紧张的劳动场面和火热的劳动热情。通过即兴创编打击乐器伴奏反复聆听感受歌曲活泼愉快的情绪，通过歌曲表演来熟悉歌曲。用师生接龙、小组表演等方式学习歌曲，合作表演歌曲。

【教学内容】

1. 学唱歌曲《剪羊毛》；

2. 复习$\frac{2}{4}$拍的强弱规律，指挥图示；

3. 口琴吹奏歌曲部分旋律。

【教学目标】

1. 情感态度价值观：感受歌曲《剪羊毛》所表达的牧场工人紧张劳动的画面，体验歌曲中描绘的牧场工人的劳动热情以及愉快的心情。

2. 过程与方法：运用小乐器伴奏、学做小指挥、口琴吹奏、师生接龙、表演歌曲等方式学习歌曲。

3. 知识与技能：能够用合适的情绪来演唱歌曲，复习巩固$\frac{2}{4}$拍的强弱规律，指挥图示，唱准大跳音程，口琴吹奏歌曲部分旋律。

【教学重点】

在演唱歌曲的过程中，感受、体验并表现澳大利亚牧场工人在夏季紧张劳动时的愉快场面。

【教学难点】

掌握歌曲中附点音符和顿音的唱法，能够用轻快、活泼的声音演唱歌曲的前半部分，用连贯、抒情的声音演唱歌曲的第五、六乐句，表现出歌曲曲调时而跳跃、时而连贯的特点。

【教学过程】

一、导入

1. 听《剪羊毛》，跑跳步进教室

（1）播放视频——《剪羊毛》，跑跳步进教室。

（2）在小组表演区域做跑跳步表演歌曲。

说明：通过视频、学生听音乐做跑跳步进教室，让学生能够更快速地进入歌曲的情绪中，并且为歌曲学习做准备。

2. 师生问好

3. 导入

教师提问：学生假期过得如何？去过哪些地方旅游？

4. 简单介绍澳大利亚，导入歌曲《剪羊毛》

（1）出示悉尼歌剧院图片，导入澳大利亚。

（2）提问：在澳大利亚草原上会看到什么？（播放剪羊毛伴奏音乐为背景音乐）

（3）引出澳大利亚的别称——“骑在羊背上的国家”。

（4）简单介绍澳大利亚。

（5）出示牧人剪羊毛的图片，引出课题《剪羊毛》。

说明：通过图片、视频等视听结合的方式多次聆听歌曲，在对歌曲有初步的印象的同时，为后面教学歌曲做好准备，也能拓展学生的知识面。

二、感受歌曲《剪羊毛》

1. 听《剪羊毛》

学生感受歌曲的情绪以及歌曲的拍号。

2. 复习$\frac{2}{4}$拍含义、强弱规律和指挥图示

（1）复习$\frac{2}{4}$拍指挥图示。

（2）听音乐，用指挥图式表现出歌曲的不同情绪。

3. 创编合适的$\frac{2}{4}$拍节奏为歌曲伴奏

串铃，小铃，三角铁，双响筒，响板，沙球

$\frac{2}{4}$ X X ‖ $\underline{XX}$ X ‖ X – ‖ X 0 ‖ 0 X ‖

4. 用小乐器为歌曲伴奏

部分学生用密集的节奏伴奏，部分学生用宽松的节奏伴奏；教师指挥。

5. 学生指挥，学生分组用小乐器为歌曲伴奏

三、学唱歌曲《剪羊毛》

1. 再听歌曲，了解歌曲内容，创编劳动动作，表演歌曲

（1）男生模仿剪羊毛动作，女生模仿白云飘过动作。

（2）前半部分男生表演，后半部分女生加入。

说明：通过再一次的聆听，了解歌词内容，同时能够根据歌词创编动作，熟悉歌词，加深对歌词的印象。

2. 复习附点节奏

拍一拍带有附点节奏的旋律。

3. 复听歌曲

教师提问：附点节奏出现了几次？

4. 哼唱歌曲

用lu哼唱歌曲中出现附点节奏的乐句，找一找有没有相同或相似的乐句。

5. 学唱歌曲中出现附点节奏的乐句

6. 用口琴吹奏歌曲部分旋律

7. 师生接龙演奏歌曲旋律（学生口琴吹奏，教师钢琴弹奏）

说明：通过口琴吹奏旋律，让学生进一步熟悉歌曲的旋律，为后面演唱歌曲做好准备。

8. 演唱歌曲中抒情部分的旋律

9. 口琴吹奏歌曲中抒情部分旋律，注意高音区的re′、mi′在口琴上的位置

10. 师生接龙，演唱歌曲旋律

（1）学生演唱抒情部分旋律，教师演唱欢快部分旋律。

（2）教师演唱抒情部分旋律，学生演唱欢快部分旋律。

11. 用听唱法学唱歌词（一字多音，提醒歌唱的声音位置）

12. 男女生接龙演唱歌曲

（1）男生演唱欢快部分，女生演唱抒情部分。

（2）男生女生交换。

（3）钢琴伴奏，全体演唱歌曲。

四、完整表演歌曲

1. 小乐器为歌曲伴奏，加入小指挥，演唱歌曲

2. 用不同的形式表演歌曲

（1）选用合适的形式表演歌曲。

（2）结合小乐器、指挥、舞蹈动作、演唱歌曲等方式表演歌曲。

说明：通过不同的表演形式来表演歌曲，可以激发学生的创造能力，也能培养学生的合作表演能力。

五、总结

教师：今天学唱的歌曲叫作《剪羊毛》，我们从歌曲中了解到了其所描绘的牧场工人紧张的劳动场面和火热的劳动热情。

课题：第一单元 来跳舞 唱——《乃哟乃》(第一课时)

上课学校：上海市浦东新区高桥镇小学

上课班级：三(1)班

执教教师：黄亦淳(上海市浦东新区高桥镇小学)

上课时间：2016年10月21日下午第二节

教学设计

【教材分析】

本课选自上海音乐出版社出版的九年义务教育课本《音乐》三年级第一学期第一单元。歌曲《乃哟乃》是一首土家族民歌，歌曲短小而精练。全曲由sol、mi、do三个音组成，节奏也非常简单，但其旋律清新明快又富于变化，朗朗上口，富有激情。歌曲中的衬词"乃哟乃"是土家族方言，可以把它理解为一种"愉快、高兴和爽朗"的情感表达。它形象地表现了土家族人民热爱劳动、热爱生活的质朴情感。

【学情分析】

三年级的学生已经在音乐课中了解了很多少数民族，因此本课从复习认识的民族和猜民族导入本课的土家族歌曲《乃哟乃》。在此基础上，通过初听环节感受歌曲的情绪、节奏特点，再通过复听和为歌曲即兴创编节奏并伴奏等环节感受旋律节奏以及歌曲长短乐句的特点。在教学设计中通过小游戏、口琴吹奏、唱五线谱，熟悉d、m、s在五线谱上的位置并熟悉歌曲旋律，然后通过师生对唱等方式来初步学唱歌词，最后在综合表演中表现歌曲。

【设计思路】

本课时通过创设情境来到少数民族——土家族学习歌曲，通过口琴吹奏、小游戏、小乐器伴奏等方式认识高音谱号，熟悉d、m、s在五线谱上的位置，在师生互动、生生互动中初步学唱《乃哟乃》，以综合表演的形式表现歌曲。

【教学内容】

1. 认识高音谱号，熟悉d、m、s在五线谱上的位置；

2. 简单了解土家族文化并学习简单的土家族舞步；

3. 初步学唱《乃哟乃》。

【教学目标】

1. 情感态度与价值观：学习演唱土家族民歌《乃哟乃》，初步感受歌曲朴实的情感，了解一些土家族的风情，激发学生对民族音乐的喜爱。

2. 过程与方法：感受歌曲情绪，在欣赏以及拍手拍腿伴奏的过程中，了解歌曲节奏、歌词特点。在游戏中熟悉d、m、s的音位并熟悉歌曲旋律。边唱边跳综合表现歌曲。

3. 知识与技能：认识高音谱号，熟悉d、m、s在五线谱上的位置，初步学唱《乃哟乃》。

【教学重点】

熟悉d、m、s在五线谱上的位置。

【教学难点】

歌曲为长短乐句结构，衬词易混淆。

【教学过程】

一、导入

1. 学生听《马车夫之歌》，跟老师跳新疆舞基本动作即兴舞蹈进教室

2. 教师引导学生复习认识的我国的各个民族

3. 学生听教师范唱并猜猜是哪个民族的歌曲

说明：创设情境，帮助学生了解民族风情，激发学生对中国传统民族

文化的热爱和学习兴趣。

4. 学生看影像资料了解土家族(食物、服饰)

5. 教师带领学生学习简单的摆手舞动作

说明:在了解服饰时加入土家族摆手舞的介绍,并学习简单的舞蹈动作,为综合表演做准备。

二、歌曲学习

1. 初听

学生初听歌曲,感受歌曲情绪是怎样的、歌曲是几拍子的。

2. 复听

学生复听歌曲(动画mv版本),边听边拍手拍身体(感受$\frac{2}{4}$拍的强弱规律),找找印象深刻的歌词。

3. 学生创编肢体动作和小乐器节奏为歌曲伴奏

(1)学生拍拍“乃哟嗬”的节奏(手、腿、腿)。

说明:用拍手拍身体的方式伴奏更能表现出歌曲的强弱规律。

(2)学生找出歌曲中“乃哟嗬”的歌词,用拍手和拍腿来伴奏。

(3)部分学生创编合适的节奏用小乐器为歌曲伴奏。

说明:此环节为旋律、歌词的学习做了铺垫,让学生感受到乐句长度不同以及每句都出现了“乃哟嗬”。

4. 歌曲旋律学习

(1)学生用口琴吹奏“乃哟嗬”的音高(sol、mi、do)。

(2)复习五线谱上的各个音,并找一找s、m、d在五线谱上的位置。

(3)学生通过地面上五线谱的小游戏熟悉s、m、d的音高和在五线谱上的位置。

(4)学生跟着钢琴用lu哼唱歌曲旋律。

(5)学生跟着钢琴用唱名唱歌曲旋律。

说明:这里用的小游戏是在地上贴彩色的五线谱,老师脚随机踩在sol、mi、do中某一个音的位置上,学生快速反应然后唱出相应唱名。之后请个别学生上来踩地上的五线谱，其他学生用口琴吹出相应唱名。等大部分学生熟悉三个音的位置后，老师慢速踩出《乃哟乃》的部分主旋律，并由学生用口琴吹出。游戏中熟悉了sol、mi、do在五线谱上的音高位置，同时在游戏中用口琴吹出了歌曲的旋律，为学习歌曲的旋律做好铺垫。学生在唱旋律时可以先用lu哼唱再唱准唱名。

5. 歌词学习

（1）师生接龙学唱歌词（学生唱“乃哟喃”的部分）。

（2）学生跟着钢琴伴奏完整演唱歌词。

6. 学习简单的土家族舞蹈动作，边唱边跳

（1）学生在座位前学动作（边清唱边学习，最后加上不同的舞蹈造型）。

（2）部分同学上台和老师一起跳，剩下的同学在座位上唱（跟音乐）。

7. 综合表演（舞蹈、伴奏、表演唱）

（1）教师进行情境创设（土家族的篝火晚会）。

（2）教师分配表演任务：部分学生小乐器伴奏，部分学生围着“篝火”跳摆手舞，部分学生口琴吹奏“乃哟喃”的旋律，剩下的学生在座位前摆造型演唱歌曲。

（3）学生进行综合合作表演。

说明：此环节可分配部分学生跳舞加演唱，部分学生伴奏加演唱，剩下的学生演唱为主加身体律动，以层层递进的表演要求学生合作表演，表演时需注意高低层次和空间感。

三、拓展与总结

1. 学生通过观看影像资料等进一步了解土家族文化

2. 教师总结

我们在座的同学都对我国很多民族有着或多或少的了解。各个民族都有着自己独有的文化。我们要主动去了解、传承我国的传统民族文化，因为民族的就是世界的，保护好了我国传统的民族文化必定会让我们的

祖国变得更加美丽富强。

四、听音乐,边唱歌边表演,离开教室

课题：　第四单元　夜色美　唱
——《夜晚多美好》(第一课时)

上课学校：上海市浦东新区高桥镇小学

上课班级：三(2)班

执教教师：万晓春(上海市浦东新区高桥镇小学)

上课时间：2016年12月4日下午第二节

教 学 设 计

【教材分析】

本课《夜晚多美好》选自上海音乐出版社出版的三年级第一学期第四单元"夜色美"。这首歌曲是一首四乐句组成的一段体儿童歌曲。歌曲中运用大量的连音线,表现了旋律的舒缓柔和,但也不失悠扬。起承转合的衔接明朗清晰,非常符合三年级学生的声音特点和认知特点,便于学生用歌声再现夜晚的美景。节奏简约而不失流畅,歌词浅显而不失委婉,充满诗情画意,符合孩子们充满童话色彩的世界,形象地描绘了一幅动人的田野暮景图,表达了孩子们对眼中无比美好的夜色的想象。

【学情分析】

由于三年级学生本学期刚接触do—do′在五线谱上的音位,歌曲《夜晚多美好》中仅用到do—la六个音,而且节奏简洁,旋律不复杂,因此本课通过复习巩固各类音符名称,解决歌曲中的节奏难点,降低视谱的难度,为学习歌曲做好铺垫,并让学生在感受音乐的意境中,将柔和优美的旋律先入心中,以打击乐器伴奏为动觉切入,学习节奏,用口琴吹奏歌曲旋律，学习歌曲、表现歌曲，完成学习任务。

【设计思路】

本课设计以小组合作学习的形式，从听觉入手，触动学生的内在情感，以情带声，唱出学生对大自然的热爱及对美好生活的憧憬。由于本学期刚接触do—do′在五线谱上的音位，歌曲《夜晚多美好》中仅用到do—la六个音，而且节奏简洁，旋律不复杂，因此可以通过音乐小屋游戏复习巩固各类音符名称，解决歌曲中的节奏难点，降低视谱的难度，为学习歌曲做好铺垫，并让学生在感受音乐的意境中，将柔和优美的旋律先入心中，用口琴吹奏旋律、以打击乐器伴奏为动觉切入来学习歌曲、表现歌曲。整堂课中学生与教师共同讨论、共同设计、共同学习，在和谐的师生关系中更添歌曲柔和优美的气氛。

【教学内容】

1. 学习歌曲《夜晚多美好》；

2. 正确感受附点节奏；

3. 音乐知识：连音线、圆滑线。

【教学目标】

1. 情感态度价值观：感受歌曲优美抒情的情绪，体会歌曲所描绘的夜色美景，在柔和的音乐中体验安宁的美好意境并表达对大自然的热爱。

2. 过程与方法：通过小组合作学习、口琴吹奏、即兴用打击乐器为歌曲伴奏并有感情地演唱歌曲《夜晚多美好》，表现歌曲情绪。

3. 知识与技能：通过歌曲学习，能进一步熟悉掌握常用的音符名称及五线谱上的音位，选择合适的打击乐器为歌曲即兴伴奏，并运用连音线表现歌曲柔和优美的情绪。

【教学重点】

以小组合作的形式学习歌谱，掌握连音线和圆滑线的用法。

【教学难点】

正确感受附点四分音符和八分音符组成的节奏

【教学过程】

一、听歌曲《夜晚多美好》的伴奏进教室

1. 初步感受音乐的情绪,并创设意境

2. 听歌曲范唱

提问:音乐把你带到了哪里?音乐情绪怎样?

说明:初步感受音乐的情绪,并创设意境。教师以听赏在先的方法,在课的起始部分就让学生沉浸到歌曲抒情优美的意境中,为下一步的歌曲学习做好铺垫。

二、音乐小屋游戏

1. 小鸟飞回屋,开门进屋游戏

复习巩固音乐知识:全音符、二分音符、四分音符、八分音符。

2. 创作两小节$\frac{2}{4}$拍的节奏,选择合适的打击乐器为乐曲伴奏,分组为乐曲伴奏

说明:让学生选择打击乐器即兴为歌曲伴奏,学生选择小铃、三角铁、串铃等音色轻柔的乐器,并分组自由选择自己喜欢的乐器为歌曲伴奏,以体现学生自主学习的主动性和积极性,尊重学生的自主选择。当然,在伴奏的同时对歌曲的旋律又有熟悉的机会。

3. 复习歌曲《音乐小屋》,比较乐曲音乐情绪

4. 拍拍各小屋的节奏,感受附点音符组成的节奏

说明:本课的教学重点在于正确感受附点音符的节奏,而非音符时值的强调,三年级下半学期会对附点音符进行知识点的教授。

5. 在手上找找do—do′的五线谱音位

6. 小屋的门铃响叮咚,唱唱是什么

7. 口琴吹奏

一乐句一吹,讲清吹吸,要求气息连贯,特别是连音线中延音的四拍,要求连贯、饱满。

说明:学生已经学习了do—do′在五线谱上的音位,歌曲中仅用了六

个音,适合学生的视谱能力。教师在视谱过程中以游戏搭台阶,降低视谱难度,将枯燥的识谱教学在学生非常乐意参加的游戏中进行。

8. 用lu连起来唱唱星星谱

三、学习歌曲《夜晚多美好》

1. 再听范唱

提问:歌曲唱了什么内容?你觉得美吗?

2. 旋律连唱

3. 学习歌词

4. 教唱第一段:教师弹一句学生唱一句歌词,再连起来唱唱

5. 自学第二段歌词,注意一字多音的地方

6. 学生展示并相互评价,好的唱法相互学一学(连贯、柔和)

7. 集体演唱歌曲并评价

说明:学生可随音乐学习歌词,注意一字多音和连音线。教师在指导中要着重对学生的气息加以指导。

四、拓展

1. 你觉得还有哪些地方夜色也很美?

2. 学生谈上海的夜景,对比不同夜晚的情景,丰富学生视野

3. 播放《阿细跳月》,加强学生不同音乐情绪的体验

第三章
小学口琴教学案例分析

《小宝宝要睡觉》教学案例分析

【案例背景】

这首歌曲是一首三拍子的作品，速度较慢，旋律平稳，全曲只有do、re、mi三个音。对于低年级学生来说，他们初步接触口琴，非常愿意演奏口琴，甚至有点迫不及待地要演奏口琴，而这首只有三个音的短小乐曲是学生能够在短时间内掌握的。这首乐曲要求每个音之间演奏得连贯流畅，教师在教学中应指导学生用平稳的气息使单音延长，在吹和吸之间自如地换气，如此才能达到练习要求。

【案例实录】

片段一

师：让我们来复习一下口琴上do、re、mi这三个音。

（学生找到do、re、mi的位置分别吹奏）

师：让我们用连贯气息来吹奏do、re、mi，延长每个音的吹奏时间，感受气息的平稳，延长过程中请保持音量的强弱不变。

（学生慢速连贯地吹奏do、re、mi上、下行音阶，感受气息的平稳）

师：请准确地吹奏我指出的音。

（学生看老师在五线谱上指的音，吹奏相应的音）

片段二

师：请跟着钢琴哼唱《小宝宝要睡觉》的歌谱。

（学生跟着钢琴逐句唱歌谱）

师：请找出歌曲中相同的旋律。

生：歌曲第一、三乐句的旋律相同；第二、四乐句的前三小节一样，最后一个音不同。

师：请吹奏乐句的第一、三乐句，注意吹的音后面有吸的音，及时换气。

（学生听教师钢琴弹奏一遍，然后吹奏第一、三乐句）

师：让我们来进行接龙，你们吹奏第一、三乐句，我来演奏第二、四乐句。

（师生接龙演奏）

师：请唱一唱第二、四乐句的旋律，对比旋律特点。

生：节奏相同，部分音高不同。

师：请吹奏第二、四乐句，注意气息的稳定，最后两小节长音请保持气息。

（学生练习吹奏，教师巡视，适当指导）

师：请同学们吹奏第二、四乐句。

（学生听老师钢琴弹奏后吹奏，注意节奏稳定、气息连贯）

师：让我们再次进行接龙，这次我演奏第一、三乐句，你们吹奏第二、四乐句。

（学生与老师接龙演奏。）

师：让我们完整演奏歌曲旋律。

（学生跟着钢琴伴奏吹奏完整歌曲旋律）

片段三

师：我们可以用哪些形式对歌曲进行综合表演？

生：小乐器伴奏、加上歌词演唱或唱谱、口琴吹奏……

（老师分配部分学生加上歌词演唱，部分学生吹奏口琴，部分学生用小乐器伴奏；分配各表演组的表演区域）

师：让我们进行综合表演，表演时注意节拍的强弱、身体的律动、各组的高低层次和空间感。

（老师钢琴伴奏，学生表演。最后老师进行点评或请学生进行点评）

【分析与反思】

这首歌曲旋律非常简单，很适合刚开始尝试用口琴吹奏完整作品的学生。在已经掌握了中声区do、re、mi这三个音在口琴上的音位的基础上来吹奏旋律，对于乐理知识掌握较少的低年级学生来说，可能还不认识作品中的二分音符、附点二分音符等，并且对五线谱也不太熟悉。但这首歌曲只出现了三个音，且跨度不大，所以完全可以用听唱法熟悉歌曲旋律，并辅以五线谱视谱，适当用字母谱标出每小节的第一个音的唱名来学习口琴吹奏。

在吹奏过程中，需要用连贯的气息进行演奏，因此在每乐句吹奏时要引导学生合理地安排气息，这首作品中出现了很多长音，用平稳的气息使单音延长，像小溪流水一样慢慢吹、吸。

上海市浦东新区高桥镇小学　黄亦淳

《小雨沙沙》教学案例分析

【案例背景】

《小雨沙沙》是一年级第一学期的歌曲，对于一年级学生来说，歌曲可能在幼儿园、早教活动、游园活动等场合听到过，旋律朗朗上口，特别是象声词“沙沙 沙沙”更是学生愿意表现的地方，而且又是同音反复，在还没有学会音符，只会吹奏sol、mi、do这三个音的学生来说，他们迫不及待地想吹奏口琴来表现歌曲。所以抓住学生学习积极性高的特点，让他们来模仿小雨的声音，复习巩固三个吹的音，与教师进行旋律接龙，让学生在师生合作的情况下完整表现歌曲，这让刚刚学会吹三个音的学生异常兴奋。

【案例实录】

片段一

师：同学们，小雨发出怎么样的声音啊？

生："沙沙 沙沙"……

师：你们想不想把这个声音在口琴上吹奏出来啊？

生：想……

师：我们在口琴的第十三格找到这个音，嘴巴当中留一个小孔，吹吹这个格子。

（学生尝试在口琴上吹奏）

（教师到处巡视，抽一个同学吹奏"沙沙 沙沙"的节奏，其余同学模仿）

师：下面老师和你们合作，你们吹奏小雨的节奏（学生吹奏引子及结尾部分）。

片段二

师：下面我们再学吹一个mi，在第十一格，请同学们练习sol mi sol mi，老师弹奏do do do，同学们再吹奏sol mi sol mi，老师弹奏re re re 接龙。

片断三

师：同学们，我们可以加入沙球、自制打击乐器（易拉罐加米、矿泉水空瓶加豆子）模拟沙球演奏小雨的音效进行合作表演。

（学生有的扮演种子；有的扮演小花、小草、大树；有的扮演风和雨；有的加入打击乐器及自制乐器表现大自然的景象）

【分析与反思】

低年级的学生尚未具备多方面的表演能力，但是其参与的积极性是非常高的，教师要保护孩子们参与活动的积极性。在刚刚入学时，教师不要急于开口琴课，在上半学期过后，待教学常规及班级表演空间训练成熟再进行口琴教学，教学的效果是事半功倍的；也不要急于在课上教学生太多的音，低年级的学生对于高音、低音还没有相对的概念，所以利用课堂教学，唱游教材中的模拟自然音响效果来吹奏单音，完成师生接龙的旋律吹奏，是低年级学生喜闻乐见的积极参与的活动形式之一。随着第二学期的一些教学内容，如《划小船》《粉刷匠》《闪烁的小星》等歌曲的补充，学会吹奏do—la之间的音，再补充一些中外著名的小乐曲的练习，学生口琴吹奏的能力会日积月累逐步提高。

上海市浦东新区高桥镇小学　万晓春

《粉刷匠》教学案例分析

【案例背景】

《粉刷匠》是一首风趣活泼的波兰儿童歌曲，$\frac{2}{4}$拍，一段体，大调。全曲音域仅在五度以内，由五个唱名组成，短小严整的四个乐句，多使用重复，简单而易唱易记。第一、二、四乐句曲调基本相同，第三乐句曲调稍有变化。曲风轻松风趣，语言活泼而幽默，生动地描绘了“小粉刷匠”愉快劳动的情景。

学生能够感受音乐并表现劳动者的形象——亲自动手当一个小小的粉刷匠。学生能够用快乐的歌声表现歌曲欢快的情绪，并且能够用口琴完整吹奏歌曲旋律。学生可以运用不同的表演形式来表演歌曲，引发对音乐学习的兴趣，激发学生学习音乐的热情。 通过本课的学习，学生可以进一步感受劳动的愉快。

【案例实录】

片段一

师：听一听歌曲中的小朋友在干什么？可以为歌曲取个名字吗？

生：小朋友们在粉刷墙壁，取名《粉刷匠》。

师：歌曲的情绪是怎样的？这是一首几拍子的歌曲？

生：情绪是欢快活泼的，歌曲是二拍子的。

师：我们来复习巩固一下do、re、mi、fa、sol在口琴上的位置。请用连贯的气息吹奏上行旋律do、re、mi、fa、sol。

（学生用连贯的气息吹奏上行旋律do、re、mi、fa、sol）

师：再用短促跳跃的方法吹奏上行旋律do、re、mi、fa、sol。

（学生用短促跳跃的方法吹奏上行旋律）

师：上行吹完了，我们能不能试着吹吹下行旋律sol、fa、mi、re、do？同样也用这两种不同的方法来吹奏下行旋律，先用连贯的气息吹奏，再用短促跳跃的气息吹奏。

（学生运用两种不同的方法吹奏下行旋律sol、fa、mi、re、do）

片段二

师：老师钢琴弹奏歌曲的一句旋律，你们学唱一句字母谱旋律。

（学生用听唱法学唱字母谱旋律）

师：找一找歌曲有没有完全相同或者相似的旋律？

生：第一、二乐句是相似的旋律，第二、四乐句完全相同。

师：那我们先来学学完全相同的第二、四乐句。先学前两小节，看一看这两小节中的音在口琴上是怎么吹奏的。

生：前两小节全部都是吹的方法吹奏。

师：那这些音分别在口琴的什么位置呢？

生：sol在第十三格，mi在第十一格，do在第九格。

师：我们来试着吹奏第一、二小节的旋律。

（学生学吹第二乐句前两小节旋律）

师：接着再来学吹第一、二乐句后两小节的旋律。

（学生自学后两小节旋律）

师：老师钢琴弹奏第一、二小节旋律，你们口琴吹奏第三、四小节旋

律,我们进行钢琴口琴旋律接龙

（师生口琴接龙吹奏）

师：找一找第一、二乐句相似句中只有哪一小节不同？

生：第四小节不同。

师生接龙,学生口琴吹奏第一、二、四乐句,老师钢琴弹奏第三乐句。

片段三

师：我们还剩哪一个乐句没有吹奏？

生：第三乐句。

师：那我们就来学吹一下第三乐句的旋律。先吹第一小节,第一小节中出现的音是吹气还是吸气来演奏的？

生：全部都是吸气。

（学生学吹第三句乐第一小节旋律）

师：第三乐句剩下的三小节,请同学们自学完成。

（学生自学旋律）

（学生完整吹奏第三乐句旋律）

师：老师钢琴弹奏第一、三乐句旋律,同学们口琴吹奏第二、四乐句旋律,我们进行旋律接龙,完成歌曲。

（学生交替吹奏旋律,熟悉歌曲旋律）

（学生完整吹奏歌曲《粉刷匠》旋律）

【教学反思】

《粉刷匠》歌词简单易懂,旋律欢快,节奏鲜明,唱起来朗朗上口,幽默风趣。虽然是首老歌,却深受学生喜爱。从音乐本身来说,八分音符和四分音符组合的节奏型,以及歌曲中出现的音高位置,也正是低年级学生需要掌握的,因此非常适合低年级学生欣赏和学习。在设计本活动时,教师针对低年级学生的年龄特点,注意调动他们学习的积极性,为他们提供充分的表现机会,鼓励他们勇于发现旋律特点,找规律,更好地吹奏乐曲旋律。

通过学习《粉刷匠》这首活泼欢快的歌曲，教师引导学生将已有的陌生而又熟悉的零碎生活经验整合起来。虽然歌曲旋律非常简单，但是对于低年级学生来说要想迅速学会并掌握这首歌曲还是比较有难度的，因此在设计教学的过程中运用了大量的口琴教学，并让学生找出歌曲中出现的相同和相似旋律，帮助学生记忆歌曲的旋律。通过反复的口琴吹奏，不仅能够激发学生学习歌曲的兴趣，也让学生在学习的过程中记住了歌曲的旋律，为后面歌曲歌词的学唱打下了很好的基础。在学会歌曲的基础上扮演粉刷工人，使学生通过动作表演加深对歌词的理解。特别是边唱边用肢体语言来展示活动的过程，让学生们在一次次的学唱表演中感受到活动的快乐和音乐的优美。如此的在教中学，在学中教，学生们身临其境，情绪得到充分调动，留下的印象也非常深刻。

上海市浦东新区高桥镇小学　须佳琦

《小步舞曲》教学案例分析

【案例背景】

巴赫的《小步舞曲》曲调轻松、愉快。由于曲调相对简单，学生可在自主探索中学习吹奏乐曲，表现乐曲高贵典雅的小步舞曲风格。在合作表演中，学生不仅可以口琴吹奏，还可以打击乐器伴奏，并能加上舞蹈律动来综合表现乐曲，在乐器伴奏和身体律动中掌握三拍子的强弱规律。

【案例实录】

片段一

师：听听乐曲并感受一下情绪是怎样的。这首乐曲平时在哪里听到过？

生：轻快的，愉悦的。世界名曲，很多场合能听到，耳熟能详。

师：这首乐曲是几拍子的？强弱规律怎样？

生：三拍子。强弱规律是强、弱、弱。

师：我们在吹奏乐曲的时候要把握住三拍子的韵律特点，正确吹奏每个小节的第一拍强拍，后面两拍则是弱拍。

片段二

师：听老师的示范，找找旋律特点。

生：乐曲有两段，第一、三乐句是重复的，第二、四乐句后半句不同，出现反复跳跃记号。

（学生跟着钢琴吹奏第一、三乐句）

师：此部分旋律出现了大跳，有五度、八度的大跳，吹奏时要注意非常轻巧，跳跃。

（学生练习五度、八度处，气息控制，手握口琴快速移动；然后进行师生接龙：学生吹奏第一、三乐句，教师钢琴演奏二、四乐句）

师：师生接龙，交换吹奏乐句。

（学生练习吹奏第二、四乐句；教师提醒学生旋律重复和反复跳跃记号）

（学生完整吹奏乐曲）

片段三

师：请同学们用打击乐器创编旋律来给刚才的乐曲伴奏，打击乐器伴奏时要注意强弱规律。

串　铃：$\frac{3}{4}$　X　X　X ‖

双击筒：$\frac{3}{4}$　0　X　X ‖

三角铁：$\frac{3}{4}$　X　－　－ ‖

（综合表演分工：① 歌唱组；② 打击乐器组；③ 口琴演奏组；④ 指挥；⑤ 钢琴演奏组。教师演奏小步舞曲的另一个主题，和学生形成A—B—A三段体合奏）

【分析与反思】

《小步舞曲》是一首中世纪巴洛克风格音乐，曲调轻松、愉快，有较短的音阶式进行，因而口琴吹奏的过程并不复杂，在教学过程中加入适当的自学，可以培养学生的自主吹奏能力。在吹奏过程中还可以运用师生接龙、生生接龙等方式，使得吹奏形式多样化。除此之外，课堂上安排学生进行独奏或领奏活跃课堂气氛，增强学生表现力和胆量。为了让学生自主感知小步舞曲三拍子的平稳的节奏韵律，课堂上设计了打击乐曲伴奏以及尝试舞蹈律动来综合表演，并让学生与教师形成三段体的综合表演，培养学生的综合表演能力。

上海市浦东新区高桥镇小学　李争鸣

《康康舞曲》教学案例分析

【案例背景】

《康康舞曲》也称《康康进行曲》，$\frac{2}{4}$拍，速度快而情绪热烈。由于乐曲风格热烈，充满激情，教学过程中可以加入打击乐器伴奏，丰富歌曲表现力，帮助学生培养多声部听觉能力。歌曲相对较长，有很多的力度变化和音程大跳，因而在口琴教学时应注意学生气息的控制以及乐曲力度的处理。

【案例实录】

片段一：聆听《康康舞曲》

师：这首曲子你们听过吗？几拍子？感觉如何？

生：二拍子。热烈、欢快。

师：中间有一部分旋律大家非常熟悉，是什么歌曲？

生：《菠菜歌》。

师：这一部分旋律大家都会哼唱，它有什么特点？

生：有音阶下行的部分。

师：一起吹奏这一乐句。注意乐句开始的八度音程大跳，找准do和do′在口琴上的位置。

（学生吹奏 1 1̇ 7 6 | 5 4 3 2 | 1 – |）

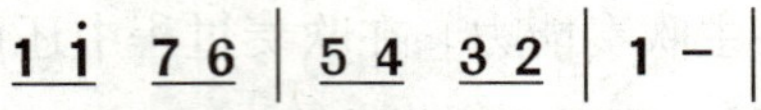

师：连起来吹奏这一下行的音阶，注意气息的连贯。

片段二：乐曲处理

师：观察乐曲第一部分谱面，出现了什么记号？

生：重音记号。

师：所以吹奏时要注意乐句开头的四个四分音符要吹奏得有力，短促。

（学生练习乐句开头的重音记号）

师：乐句中间出现了很多前八后十六的节奏。这一部分是乐曲到第二部分的过渡句，吹奏的时候要注意从弱到强的变化。

（学生练习吹奏 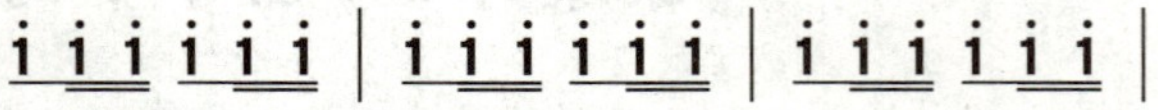 1̇ 1̇1̇ 1̇ 1̇1̇ | 1̇ 1̇1̇ 1̇ 1̇1̇ | 1̇ 1̇1̇ 1̇ 1̇1̇ 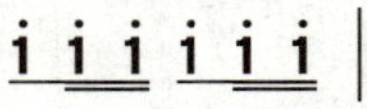 | 1̇ 1̇1̇ 1̇ 1̇1̇ |，要吹出四个小节的渐强力度变化）

师：乐曲的最后部分是放宽节奏的音阶以及最后的四分音符重音，注意吹奏时气息的连贯，并正确表现四分休止符的停顿。

（学生练习吹奏结束句）

片段三：运用打击乐器为《康康舞曲》伴奏

运用大鼓、沙球、三角铁、串铃四样乐器分别在乐曲不同的节奏点进行敲击，大鼓必须在强弱变化上辅助乐曲的气势，而沙球、三角铁和串铃则需通过音色和节奏点衬托出乐曲的韵律感，在与口琴的主旋律配合的同时，各个打击乐器之间还要相互穿插配合，这对学生的合作表演能力提出了很高的要求。

片段四：欣赏乐曲

了解乐曲的作者，欣赏乐曲最初的演奏风格。欣赏完整的交响乐版

《地狱与天堂》。

【分析与反思】

《康康舞曲》乐曲风格热烈、轻快、有活力，深受学生喜爱。歌曲相对较长，有很多的力度变化和音程大跳，因而在教学时提示学生运用气息控制力度。在学生掌握旋律后，从打击乐器入手，丰富歌曲表现力。另外通过多声部伴奏，培养学生的多声部合奏能力。从节奏入手，运用打击乐器伴奏进行多声部训练，不仅丰富了乐曲的层次感，也使得多声部合作寓教于乐，增强学生兴趣。打击乐器的伴奏要求学生集中注意力，时刻聆听乐曲吹奏的进度，在适当的时候加入乐器敲击。除了与口琴的配合，还应与其他打击乐器配合，只有这样才能让学生在学习口琴后，融入到合奏的乐趣中。

上海市浦东新区高桥镇小学　李争鸣

《闪烁的小星》教学案例分析

【案例背景】

《闪烁的小星》是一首曲调流畅、轻快和富有意境的法国民歌。全曲音域不宽，只有六度，曲调只使用了四分音符与二分音符，1—8小节与结束句是完全重复的；旋律优美而平稳，形象地描绘了夜空中星星闪烁的景象，使学生犹如身临其境，陶醉于大自然赋予的美感之中。

一年级的学生对于这首歌的旋律是非常熟悉的，在上半学期已经掌握了四分音符和二分音符，能够用口琴吹奏do—la的音。教师可以指导学生用口琴准确地吹奏出乐曲的旋律，并且进行口琴的合奏，让每个人成为集体的表演者。通过演奏乐曲提高学生的识谱能力和音乐想象力，达到综合表演的教学实效。

【案例实录】

片段一：音阶练习

师：同学们，我们已经会吹do—la这6个音，让我们一起来复习一下吧。请注意坐姿和握琴姿势。

（学生找到第9格的do，用连贯的气息吹奏上行音阶；教师提醒吹奏姿势：头要正，腰要直，两手用虎口处夹住琴的两端，拇指捻住琴身）

师：吹奏完了上行音阶，让我们再来尝试下行音阶吧！

生：练习下行音阶，教师用手势提醒学生音的位置以及吹吸方式。

片段二：吹奏歌曲旋律

师：让我们一起跟着琴唱一唱歌曲旋律，请你边唱边找一找歌曲中哪些乐句是相同的。

（学生跟唱后发现第一乐句和第三乐句是相同的，第二乐句的前半部分与后半部分是相同的）

师：想不想用口琴来吹奏这首耳熟能详的歌曲？让我们来试一试，注意大跳的五度音程。

（学生跟着琴逐句吹奏后用慢速将全曲连贯起来吹奏）

师：接下来我给大家3分钟时间自由练习，时间到了以后请一名同学来展示一下你的练习成果。

（学生自由练习3分钟；教师巡视并给予指导，保证大部分学生能够熟练地吹奏乐曲后请一名吹奏得比较好的学生示范）

师：接下来我想请男生吹奏歌曲前八小节旋律，女生吹奏后八小节旋律，最后的结束句齐奏。

【分析与反思】

一年级的学生刚刚接触口琴一个多学期，吹奏前教师应适当提醒坐姿以及握琴姿势。吹好音阶是学习口琴的基本功，作为低年级学生更加需要扎实的练习，所以在本课教学中，教师设计了do—la的音阶练习，帮助学生复习音阶的同时掌握好正确的吹奏口型以及掌握口琴的吸吹规律。

在练习完音阶后进行歌谱视奏。《闪烁的小星》是一首脍炙人口的乐曲,这首乐曲节奏简单、旋律跨度较小,学生容易上口,在唱谱过程中学生能轻而易举地记住乐谱,在口琴吹奏环节采用了男女生接龙的方式,这样可以培养学生的吹奏兴趣。再比一比,赛一赛,激发学生的竞争意识,帮助学生更好地投入到口琴学习中。

上海市浦东新区高桥镇小学 何卉

《我的小宝宝》教学案例分析

【案例背景】

《我的小宝宝》是二年级第二学期的歌曲,音域不宽,只有五度,而且第一乐句和第二乐句之间是旋律模进,第三乐句则有五度的大跳,所以在教学这首乐曲时,可以让学生自主探究旋律的特点及关系,适当加入长音来进行伴奏,形成和谐的和声效果。学生经过一两个学期的口琴吹奏训练,能找准相近音阶之间的旋律特点,由于第一、二乐句之间可以形成良好的三度音程和声,在学生熟练吹奏口琴的情况下进行相差一乐句的轮奏,相信合奏的效果也是相当和谐的。

【案例实录】

本课以感受、体验为先,在创设的情景中感受歌曲宁静柔和的情绪,所以在口琴吹奏的过程中,要求学生时刻把握气息,不可力度太强,而以较弱的气息来吹奏旋律,更能体现学生的气息控制能力。

片段一

师:同学们,《我的小宝宝》这首歌曲音乐情绪怎样?我们应该以怎样的力度来吹奏？

生：歌曲描绘了小宝宝要睡觉的情景，歌曲情绪是优美宁静而柔和，所以力度不能很强。

师：对啊，较弱的力度我们就要控制好气息，吹奏的时候要连贯饱满。我们用连贯的气息练一练音阶。

（学生根据教师手势练习用弱的力度吹出do—sol上行的长音音阶，再看老师手势练习下行的长音音阶）

片段二

师：请同学们跟着钢琴唱一唱歌曲旋律，找一找歌曲旋律有什么特点。

生：第一、第二乐句节奏一样，音高不同。

师：全体吹奏第一乐句，在re开始进行旋律模进，在mi开始再进行旋律模进。

（学生视谱吹奏第一、二乐句）

师：谁来说说sol、do大跨度我们怎样才能吹准？

生：嘴巴离开口琴，跳开mi，两手手腕移动口琴。

片段三

师：下面我们来连贯地吹奏旋律。第一组先吹奏第一乐句，在第一组吹奏第二乐句时第二组开始吹奏第一乐句，第一组将第四乐句进行反复，我们听听效果怎样。

（部分同学吹奏每个乐句的第一个音，形成三个声部的合奏音效）

【分析与反思】

根据学生的口琴吹奏水平，将学生适当分为若干组，学生在适合自己能力的活动中会更加有兴趣参与口琴合奏的活动，当然作为低年级的学生，弱化的力度处理往往难以掌握到位，他们喜欢拼命地吹出声响而忽视音乐本身的意境，所以应在音阶训练时就给予气息指导。本课内容恰恰可以将学生刻意胡乱吹奏、好于表现的坏毛病进行约束，让他们知道怎样的气息才能表现出更好、更美的音乐意境。

上海市浦东新区高桥镇小学　万晓春

《伦敦桥》教学案例分析

【案例背景】

《伦敦桥》是一首$\frac{4}{4}$拍的古老的英国歌谣，结构短小，是单乐段的分节歌。八小节构成一个乐段，第一、二小节与第五、六小节相同，易唱易记。歌曲旋律中只出do、re、mi、fa、sol、la这六个音高，并且旋律中重复小节较多，音阶式的级进音程较多，对于二年级的学生来说，很适合通过自学和小组交流的方式进行吹奏与表演。歌曲的第一小节中出现了附点八分音符与十六分音符组成的节奏，可通过教师示范、学生模仿吹奏的方法解决这一吹奏难点。

本课时可以由“伦敦桥要塌了”这个话题导入学习，激发学生学习的兴趣。可运用连贯的气息吹奏表达出对于伦敦桥的留恋，也可运用快吸快吹的吹奏方法表达对“伦敦桥”这一著名历史景点的喜爱。

【案例实录】

片段一

师：歌曲中有一个小节连续出现了两次，你们找到了吗？

生：第一、三小节。

师：mi、fa、sol三个音应该用怎样的方法吹奏呢？

生：吹、吸、吹。

（师生一起吹一吹）

师：第二小节，它们也是三个音符小邻居，是否能用模进的方法吹奏出来呢？

生：旋律模进，但吹法正好相反，我们用吸、吹、吸，吹、吸、吹来吹奏。

师：请同学们吹奏这三小节，第四小节由老师吹奏，我们来合作完成这首《伦敦桥》好吗？

（师生合作吹奏全曲）

片段二

师：伦敦桥建造得很早，当其无法承受日益繁重的交通时，人们在桥边轻轻地哼唱起了这首歌，表达对它的留恋。我们用口琴试着表达一下这样的情感好吗？那吹奏需要注意什么呢？

生：音和音要连贯。

生：速度要慢一些。

师：对，我们要注意气息连贯，声音要柔和，要表达出依依不舍的情感。

（师生一起口琴吹奏）

片段三

师：伦敦桥现在已经是一个世界级的著名旅游景点，每一个游人看到都会拍手赞叹，如果你是一名游客，你怎么用自己的口琴演奏来表达对它的喜爱呢？

生：终于看到著名的伦敦桥了，我会拿起口琴，欢快高兴地吹起这首曲子。

师：你的建议真棒！我们一起用快吸快吹的方法表现一下吧。老师用钢琴为大家伴奏。

（师生合作表演）

【分析与反思】

本课时的设计，突出“学生主体，教师主导”的学习方式，通过寻找歌曲中相同小节练习吹奏，降低学习的难度；通过总结两组级进音程的不同吹奏方法，引导学生学会辨别，正确吹奏；通过师生间合作吹奏的方法，解决学生对于第一小节中附点八分音符的正确时值的吹奏；通过故事讲演的方法，引导学生能自如地运用连贯的气息，表达歌曲抒情的情绪，用快吸快吹的方法表达歌曲愉悦快乐的情绪。在这样的多形式练习中，学生学习兴趣盎然，实践能力和创新能力有很大的提高，同时在吹奏中开展自评、互评、他评的评价活动，提高学生的合作意识和鉴赏评价能力。轻松的音乐教学环境，能促使学生更乐于吹奏口琴、更积极地参与音乐学习活动，提高审美能力和表现能力。

上海市浦东新区华林小学　汤慧

《理发师》教学案例分析

【案例背景】

澳大利亚民歌《理发师》以活泼的旋律生动地表现了“理发师”老爷爷工作时的情景。学生在已掌握的口琴基本音阶及吹奏方法基础上，借助少许的打击乐器和手风琴伴奏表现工作时的欢乐场面。

【案例实录】

片段一

师：同学们，今天老师要带大家去一个地方，请大家仔细观察，仔细听，（放伴奏老师边唱边表演）听听老师带同学们去了哪里。

生：理发店。

师：同学们真聪明。理发店里有一位非常优秀的理发师。那请你们说说看，老师刚才表演的哪个动作最像理发师呢？

生：“咔嚓咔嚓”“沙沙沙沙沙”……

师：真好，我们一起来看看乐谱是怎么表示的呢？一起来唱一唱。

生：$\frac{2}{4}$ 5 3 | 5 3 ‖；$\frac{2}{4}$ 3 1 | 1 1 | 1 – | 1 – ‖。

师：真棒，那我们拿出口琴一起来演奏一下模仿理发师动作的象声词。

（学生口琴吹奏象声词部分的旋律）

片段二

师：这首歌曲是几拍子的？

生：两拍子。

师：非常好，那我们一起拍一拍歌曲的强弱规律，并尝试用口琴演奏歌曲中同音反复的第一、二乐句，我们师生接龙。

（学生口琴吹奏同音反复处的旋律，教师钢琴弹奏象声词处）

（学生连起来吹奏歌曲第一、二乐句。师生接龙，学生吹奏歌曲第一、二乐句，老师钢琴演奏第三、四乐句）

片段三

师：老师这边有几种小乐器，请你们为歌曲选择合适的打击乐器创编伴奏型为歌曲伴奏。

（部分学生自由选择双响筒、三角铁或响板）

师：老师和你们一起来演奏排练，争取达到合奏的效果。

师：这么愉快的理发场面，请找到你的小伙伴，我们一起角色扮演，用情景表演歌曲。

（学生找伙伴一起表演理发的场面）

师：真棒！这么欢快的场面，老师带来了手风琴与小朋友一起表演，请你们选择口琴、打击器或角色扮演，一起走进理发店吧。

（教师用手风琴演奏歌曲旋律，适当分组指导学生。学生根据自己的特长自主选择，分组表演，最后综合表演）

【分析与反思】

第一，激发和培养学生的学习兴趣。三年级的学生形体灵巧、模仿能力强，并且具备了一定的音乐素养，所以本课创设一定的情景进行导入，直接把学生带入到理发店的场景中来，用形象的声音进行音响的训练是最直观有效的。教师抓住学生的兴趣点，使学生比较主动自然地集中了注意力，进入学习后能有效地达到学习目的。

第二，采用自主、合作、互动的学习方式。在教学中，由教师先来示范表演，做到师生互动。学生观察教师的动作，让学生发现问题并探究学习，达到师生互动的学习目的。互动可以拉近师生的距离，在合作表演中，学生也可以和老师近距离表演，聆听所产生的音响效果，更好地理解作品。其中口琴与钢琴的接龙环节不但可以强化合作意识，还可以从听觉上进行旋律的模仿，也降低了口琴教学的难度。

第三，通过乐器合奏，培养多重合作表演能力。音乐教学过程是师与生、生与生、师生与环境等相互激励、共同合作、共同进步的过程。通过与其他乐器的合奏培养学生的综合表演能力，再通过各种学习能力的学生进行不同程度的合作吹奏，形成良好的、有效的合作效果，从而提高学生的合作表演能力。

上海市浦东新区明珠森兰小学　邱宇欢

《洋娃娃和小熊跳舞》教学案例分析

【案例背景】

歌曲《洋娃娃和小熊跳舞》是一首波兰儿童歌曲，二拍子，大调式，由四个乐句构成的一段体。歌曲结构方整，旋律明快流畅，节奏活泼跳跃，并且运用了旋律反复变化的手法，表现了洋娃娃和小熊跳舞时憨厚、可爱的神情。也正因为歌曲中出现了重复变化的旋律，在教学过程中运用口琴教学，吹奏变化的部分，帮助学生记忆歌曲旋律，同时也增加了学唱歌曲的趣味性。

【案例实录】

片段一

师：请仔细聆听，歌曲的情绪是怎样的？几拍子？

生：歌曲情绪是欢快的，是二拍子的歌曲。

师：二拍子的强弱规律是怎样的？

生：强、弱。

师：请学生跟着钢琴拍一拍歌曲的节奏，老师钢琴弹奏一句，学生拍一句，拍节奏时注意二拍子的强弱规律。

（学生跟着钢琴拍歌曲节奏）

师：这首歌曲的情绪是欢快的，我们应该用怎样的气息吹奏歌曲旋律？

生：轻快、短促的气息吹奏歌曲旋律。

片段二

师：跟着钢琴学唱歌曲第一、二乐句，同时思考一个问题，这两句乐句是相同的还是相似的？

生：这两个乐句是相似的。

师：哪里不一样？

生：最后一小节不同。

师：请你们口琴吹奏第一、二乐句的最后两小节旋律。

（学生口琴吹奏）

师：我们师生接龙，老师钢琴弹奏相同部分旋律，同学们口琴吹奏不同部分旋律，师生进行钢琴、口琴旋律接龙。

片段三

师：跟着钢琴学唱歌曲第三、四乐句，找一找不同之处。

生：第三乐句结尾处是1 3 | 5 - ‖；第四乐句结尾处是1 3 | 1 - ‖。

师：这两小节旋律在第一、二乐句中出现过吗？

生：出现过。

（学生口琴吹奏旋律1 3 | 5 - ‖； 1 3 | 1 - ‖）

师：仔细观察歌谱，第三、四乐句哪里出现了“X X X X X”这样的节奏？

生：第三、四乐句的前三小节。

师：吹一吹带有“X X X X X”这样节奏的旋律，并注意吸气呼气的规律。

（学生吹奏：6 6 6 5 4 | 5 5 5 4 3 | 4 4 4 3 2 ‖

吸吸 吸吹吸 吹吹 吹吸吹 吸吸 吸吹吸 ）

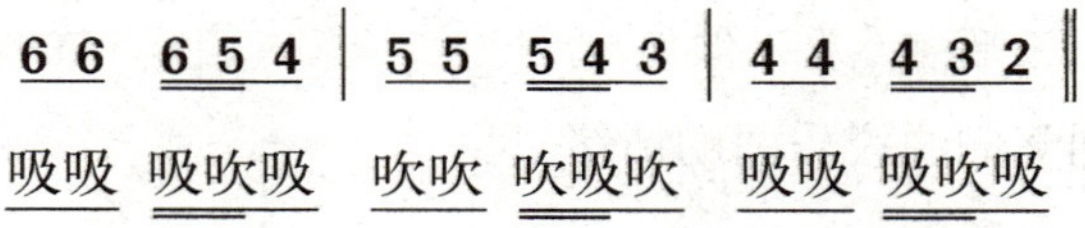

【分析与反思】

歌曲《洋娃娃和小熊跳舞》是一首学生们耳熟能详的歌曲，因此在学唱这首歌曲的过程中，加入适当的口琴吹奏练习，可以在提高学生学习歌曲兴趣的同时，加深对于歌曲旋律的印象，为学唱歌曲打下基础。在学吹歌曲的过程中，通过找出乐句之间的相同与不同之处，让学生对不同的乐句进行区分。找出歌曲中出现“X X X X X”节奏的旋律，了解歌曲节奏与旋律特点，并运用师生钢琴与口琴接龙的方法，激发学生学习歌曲的兴趣，从而降低学生学唱歌曲的难度。

上海市浦东新区高桥镇小学 须佳琦

《欢乐颂》教学案例分析

【案例背景】

《欢乐颂》是1785年由德国诗人席勒所写的诗歌，贝多芬为之谱曲，成为他的第九交响曲第四乐章的主要部分。贝多芬是德国著名的音乐家，维也纳古典乐派代表人物之一。他的作品对世界音乐的发展有着非常深远的影响，因此被尊称为“乐圣”。而这首由贝多芬所谱曲的音乐（不包含文字）成了现今欧洲联盟的盟歌、欧洲委员会会歌，乐曲运用了旋律重复的创作方法，音乐气势恢宏，磅礴雄伟。虽然《欢乐颂》不是教材里的歌曲或者乐曲，但是在补充教材里有谱例，这样的世界名曲每个学生都耳熟能详，乐曲重复部分和不同之处及旋律特点非常明显,学生极易找出。

【案例实录】

片段一:欣赏《欢乐颂》

师:同学们说说乐曲的情绪。

生:非常热闹。

生:情绪激昂。

师:找找旋律特点,并想想用怎样合作的方式表现出恢宏、磅礴、雄伟的气势?

(学生分组商量,自主探究乐谱)

片段二:吹奏《欢乐颂》

师:谁来说说旋律有什么特点?

生:有些地方是重复的,第二乐句与第四乐句是相似的。

师:谁能吹奏出来给大家听听?

(部分学生吹奏欢乐颂;教师对节奏不正确或者音准不到位处适当指导)

(学生齐奏)

片段三:合作表演《欢乐颂》

师:请分组说说你们想用怎样的表演方式合作表演乐曲。

(每组派学生代表发言)

(师生合作表演《欢乐颂》,打击乐器、小军鼓、大镲等加入合奏)

【分析与反思】

旋律的重复是作曲的创作方法,在此基础上还有旋律的模进、旋律的相似或者不同调的移调。分组自主视谱中,学生很容易发现旋律的特点,交响曲中磅礴的气势非口琴能够演奏表现出来,在这种情况下,学生会更多地借助各类打击乐器——小军鼓、爵士鼓、大镲之类的音效比较热闹的乐器来伴奏。

此乐曲既适合低年级学生吹奏简单的旋律,又适合口琴社团的学生参与重大场合演出或比赛,如果参加比赛的话,教师帮助学生再增加几个声部,包括小号、长号、圆号、大号等铜管乐器的伴奏加盟,使表演形式更丰富,甚至可以进行行进乐的演出,一边行进,一边吹奏口琴,其他乐器伴奏,综合表现出贝多芬《欢乐颂》的气势。

上海市浦东新区高桥镇小学 万晓春

《划小船》教学案例分析

【案例背景】

《划小船》是一首二拍子的乐曲,全曲共四个乐句,旋律的创作手法是变化重复。因此旋律比较简单,只接触到口琴中音区的do、re、mi、fa、sol五个音,节奏由四分音符和二分音符组成,乐曲适合口琴初学者学习。对于二年级的学生,他们已经掌握了四分音符和二分音符,在识谱方面已经可以视唱字母谱和五线谱上的基本音阶,因此有能力学习这首作品。教学中,教师通过听、唱、赏、奏四个环节展开教学,先是听教师范奏《划小船》旋律,学生初步熟悉作品;再通过拍一拍节奏、唱一唱旋律等方法进一步感受作品、认识作品;然后欣赏划小船视频引发学生乐于参与的情感体验,最后付之于吹奏来表现作品。整个过程层层递进,让学生达成能自然、有感情地演唱$\frac{2}{4}$《划小船》旋律,体会二拍子的韵律感,并通过自主合作学会用口琴吹奏新的乐曲,使其有探究性地参与到音乐学习中。

【案例实录】

片段一

师:听听歌曲《划小船》,观看划小船视频,请同学们跟着歌曲律动。

学生跟着音乐做划小船动作,

师：歌曲的情绪怎样？几拍子的？

生：歌曲活泼欢快，是二拍子的。

师：二拍子的强弱规律是什么？

生：强弱。

师：在划小船的时候第一拍强，第二拍弱，大家劲往一处使，小船才能快速移动。

片段二

师：（出示歌谱，哼唱旋律）请同学们找出旋律规律。

生：第二、四乐句相似。

生：第三乐句有同音反复。

师：我们练习一下连吹、连吸 5 3 3 | 4 2 2 |。

（学生练习）

师：注意强弱并练习同音反复。

（学生练习 2 2 2 2 | 和 3 3 3 3 |）

师：第三乐句前两小节和后两小节之间是旋律的模进关系，请注意不同的吹吸要求。

（学生在教师指导下完整吹奏歌曲旋律）

片段三

师：在同音反复的地方气息不能一下子用完，要缓吹、缓吸，吸的音不要太用力，在后面吹的音处及时换气。

（学生练习连吸、连吹处）

师：让我们合作表演《划小船》，你们认为可以分为哪些组？

生：打击乐器组、划船组、口琴吹奏组等。

师：小组合作，每组搭成小船形状，共同合作表演，我们来比一比、赛一赛。

【分析与反思】

教师根据学生的生活经验，设计学生乐于参与的划小船活动，边听音乐边划小船熟悉歌曲旋律，并将$\frac{2}{4}$拍的强弱规律自始至终在教学中进行渗透。在同音反复的吹奏过程中，对学生的气息保持、换气的指导也是必不可少的。这样更有利于学生在恰当的时候快速换气，并能连贯地吹奏歌曲旋律。在综合表演过程中，要求以小组为单位搭成小船形状，加入划船动作、口琴吹奏、打击乐器伴奏，调动学生学习兴趣及参与活动的积极性，使教学预设的合作表演目标成功达成。

上海市浦东新区上南实验小学　周玲霞

《春天的歌》教学案例分析

【案例背景】

《春天的歌》选自三年级第二学期的教材。这是一首三拍子的歌曲，弱起拍，在教学中应加强三拍子的韵律感的渗透，以表现春天春意盎然的美好景象。而弱起拍是学生口琴吹奏中不易做到的，所以在教学中应多听赏，加深听觉感受，并将歌曲中部分旋律模进的特点由学生自主探究，在口琴上模拟训练，以降低歌曲连续吹奏时的难度。适当加入长音的三角铁之类的打击乐器伴奏，在强拍处进行拍击，不仅突出强拍，还能形成美妙的合奏效果。

【案例实录】

片段一

师：同学们，听听歌曲是几拍子的、情绪怎样。

（学生拍拍三拍子的强弱规律）

师：这是弱拍开始的弱起拍的歌曲，请用打击乐器在强拍处加入三角铁、小铃等乐器进行长音伴奏。

（学生用打击乐器为歌曲伴奏，为综合表演做好铺垫）

片段二

师：同学们，我们吹奏口琴练习一下上行的旋律：do re mi mi，并尝试在口琴上进行旋律的模进训练，及时熟悉吸与呼的调整。

（学生吹奏re mi fa fa、mi fa sol sol……）

师：请你吹奏刚刚吹奏的模进的旋律，与老师的钢琴演奏进行旋律的接龙。

（学生练习）

师：请你们把歌曲旋律连起来吹奏，注意各乐句之间的呼吸记号，在正确的弱起拍前进行换气。

片段三

师：这首歌曲，我们可以用怎样合作的形式来表演歌曲呢？

生：可以口琴吹奏，并用打击乐器伴奏。

师：还可以创设情境、角色扮演，并用美妙的歌声合作表演歌曲。

（学生小组商量，分配合作表演任务，综合表演歌曲）

【分析与反思】

三年级的学生积累了一定的综合表演基础，他们在选择表演形式的过程中有多项的自主选择，所以在歌曲旋律简单、视谱能力不断加强的情况下，适当分成各种表演形式的组别，能使具有各种特长的学生在综合表演中各抒己见，相互配合，共同提高。

教师在口琴教学中应不断关注学生的视谱能力，学生的音准能力在中年级的歌唱教学与器乐教学相结合的教学活动中尤为重要，口琴上各个音的排列，给予学生一个非常直观的音高的关联度，在吹奏的同时，将旋律行进的方向及特点做了分析，学生在吹奏正确旋律的同时也能更好地唱准每个音，这样的合作表演最终能让每位学生得到愉悦的合作体验，并提高自身的音乐素养。

上海市浦东新区高桥镇小学　万晓春

《黄昏》教学案例分析

【案例背景】

歌曲《黄昏》是三年级第二学期的一首两声部轮唱的合唱作品。音域比较窄,从do—la一共六度。三年级的学生通过前面的口琴教学已经掌握了do—do′八个音的位置和吹奏方法,本课的教学中,主要让学生注意吹奏时的气息控制以及两声部练习,在多声部练习时要注意声部间音量的协调,并且与小铃组成的打击乐合作配合达到和谐的音效。通过两声部口琴的吹奏,为两声部轮唱打好基础。

【案例实录】

片段一

师:请同学们观察《黄昏》的歌谱,比较第一乐句和第二行旋律的异同。

生:它们两句很像。

生:它们的节奏相同。

生:它们的旋律行进的方向也一致。

师:同学们观察得非常仔细,确实如大家所说的,第二乐句是对第一乐句的模进。

(老师弹奏旋律;学生视唱,同时思考口琴演奏时应该吹还是吸)

(学生自由练习,口琴吹奏《黄昏》旋律)

师:请同学们分别讲一讲各乐句的吹和吸的顺序。

生:第一乐句是:吹吸—吹吹—吸吹—吹吸吹—吹吸—吹吸吹。

生:第二乐句是:吹吸—吹吹—吸吹—吹吸吹—吹吸—吹吸吹。

师:它们吹和吸的顺序都是一模一样的。吹奏第二乐句时,只要在口琴上往右移动两格就可以了。

（学生分成三个声部，分别吹奏第一、二、三乐句。等学生比较熟练后进行接龙练习，三个声部把三个乐句练成一首歌曲完整地吹奏）

（请第一声部学生和第二声部学生同时演奏。在演奏时要倾听另一个声部的旋律。要做到节奏同步，音量平衡。请第三声部学生做裁判，看哪一个声部吹奏得比较好）

师：请第三声部同学说说刚才的演奏效果。

生：他们吹得挺整齐的。

生：他们吹得太响了。

……

师：两个声部在一起吹奏叫作合奏，合奏时要注意合作和配合，一定要在吹奏好自己的声部的同时去聆听另外声部的声音去配合演奏，声部间要做到和谐、平衡。

……

片段二

师：同学们现在演唱旋律，进行两声部轮唱。每个声部保留两个学生继续吹奏旋律。演奏的学生要注意音量小一点，只是给演唱这个声部的同学听到一点就可以了。

（学生进行轮唱练习）

师：每个声部保留一个学生继续吹奏旋律，其他学生歌唱。

（学生进行轮唱练习）

师：全体同学轮唱歌曲，老师用响板给同学们打节拍。

……

【分析与反思】

《黄昏》这首歌曲，在识谱上相对三年级学生而言是比较简单的，口琴的演奏，依据学生前几年的学习储备也是没有困难的。因此在识谱和吹奏法的教学上尽可能简单一些。歌曲运用模进的方式在口琴的演奏时产生了非常有趣的现象，就是第二乐句的吹和吸的顺序与第一乐句完全相同。在教学中既可以让学生聆听歌曲的模进的旋律特点，也使学生对于口琴的演奏法有了进一步的了解和直观感受。

教学的重点应该在两声部的轮唱上。多声部的训练始终是学生学习的难点，尤其是两声部的歌唱，在音准上非常困难。但是口琴的吹奏时只要位置准确，吹和吸的方法正确，就不存在走音这一现象，因此用口琴的吹奏来帮助寻找轮唱中的音准是非常有效的一种方法。以口琴吹奏入手，在吹奏的过程中熟悉旋律。尤其是两声部合奏时可以听到和声的音效，让学生对于两声部的音效有了直观的体验和感受。

在进行两声部轮唱时，可以用口琴作为歌唱的辅助手段。可以根据班级的实际情况选择部分学生吹奏口琴、部分学生歌唱，以口琴的声音来帮助学生找到自己声部的旋律和音准。随着歌唱的熟练程度逐渐减少口琴吹奏学生的人数，直至所有学生全部参与歌唱。这样，口琴作为歌唱教学的学具的作用就发挥得淋漓尽致了。

上海市浦东新区北蔡镇中心小学　曹忠

《铃儿响叮当》教学案例分析

【案例背景】

《铃儿响叮当》是一首曲调流畅、情绪欢快的美国歌曲。生动的歌词描绘了一群孩子冒着大风雪，坐在马拉的雪橇上，他们的欢声笑语伴着清脆的马铃声回响在原野，表现了孩子们热情奔放的性格，抒发了热爱美好生活的真挚情感。歌曲为再现的二段体结构。可以分两部分进行吹奏，引导学生找找相似的乐句以及旋律创作规律，降低吹奏难度，也可以开展适当的多声部合奏。

【案例实录】

片段一：初次聆听，感受歌曲情绪

师：请仔细聆听并思考：歌曲是几拍子的？情绪怎样？

生：二拍子，活泼欢快。

师：那我们应该用怎样的心情吹奏？

生：可以用欢快、愉悦的心情吹奏。

师：吹奏的时候要注意气息，能做到短促、跳跃。

（学生用短促、跳跃的方法吹奏歌曲同音反复处）

片段二：学习歌曲第一部分

（教师示范）

师：找找歌曲第一部分旋律特点。

生：第一、三乐句一样；第二、四乐句相似。

师：尝试跟着钢琴用口琴吹奏第一部分旋律。

（学生跟着钢琴吹奏）

（师生接龙，老师弹一、三乐句，学生吹奏二、四乐句，然后交换）

片段三：学习歌曲第二部分

（教师示范）

师：找找旋律有什么规律？

生：第五、七乐句一样；第六、八乐句相似。

师：出现了弱起拍和附点节奏，吹奏时要注意弱起拍和强拍，一起试着吹奏附点节奏。

（学生吹奏附点音符）

师：跟着钢琴吹奏后面四个乐句。

（学生学会第二部分旋律后，将学生分组，进行生生接龙，完整吹奏歌曲旋律）

片段四：合奏

师：请同学们练习吹奏低声部。

（学生练习do的同音反复）

师：请同学们分组，两个声部配合吹奏高低声部，再交换合奏。

（学生练习吹奏并合奏）

师：歌曲《铃儿响叮当》第一部分活泼欢快，第二部分要吹奏得连贯流畅。

（学生运用合理的气息表现歌曲两部分）

师：请你们和老师一起合作表演。

（学生两个声部口琴吹奏，然后教师钢琴演奏，再由学生两个声部口琴吹奏；配上合适的打击乐器，为歌曲两个部分伴奏，完整吹奏乐曲）

【分析与反思】

《铃儿响叮当》这首歌曲学生在之前就已经基本会唱。口琴吹奏这首歌曲，学生是非常期待的。既然旋律大家都非常熟悉，那么这节课的主要目的就不单单是会吹奏歌曲。教师把这节课的重难点定位在如何吹奏好歌曲的合奏部分，并运用丰富的表现手法来表现这首歌曲。将歌曲两部分不同的情绪融入到合奏中，在师生接龙中完成带反复的三段体结构，丰富了学生的学习体验，提高了学生的口琴吹奏能力，并在合作表演中体验到合奏的乐趣。

上海市浦东新区高桥镇小学　李争鸣

《火车快跑》教学案例分析

【案例背景】

歌曲《火车快跑》是一首欢快活泼的儿童歌曲，$\frac{2}{4}$拍。歌曲前半部分旋律以八分音符和附点八分音符组成的节奏为主，节奏相对较为密集，但音与音之间的跨度不大，可以通过师生接龙的方式帮助学生完成这一部分的口琴吹奏学习。而后半部分旋律则相对较为舒展,并间隔出现四分休止符、八分休止符。旋律出现六度的大跳音程。作为四年级学生,经过三年的口琴吹奏训练,学生能够准确找到口琴上各个音的位置,教师可以利用钢琴演奏带领学生熟练吹奏歌曲旋律并尝试合作表演歌曲。

本课从听赏、感受为先,通过听赏两首不同情绪歌曲,学生初步了解到密集型节奏与疏松型节奏在表现歌曲活泼欢快的情绪方面的不同作用。在口琴吹奏过程中强调歌曲速度,提醒学生注意气息,锻炼学生控制气息的能力,意在使学生了解密集型节奏与疏松型节奏是在表现不同的歌曲情绪。

【案例实录】

片段一

师:同学们,《火车快跑》这首歌曲与《摇啊摇》在节奏上有什么不同?

生:《摇啊摇》节奏是宽松的,情绪是优美抒情的;《火车快跑》节奏是紧密的,情绪是活泼欢快的。

师:对的,《火车快跑》是一首活泼欢快的歌曲,我们在吹奏的时候要连贯饱满。请你们跟我来接龙,我们一起合作完成第一、二乐句。

(学生练习吹奏,并参与师生接龙)

师:吹奏这两个乐句,需要注意哪些问题?

生:附点八分音符。

师:注意气息,附点八分音符和十六分音符之间要注意气息控制。

片段二

师:请你们跟着钢琴来唱一唱歌曲第二部分旋律,感受一下音与音之间有怎样的特点。

生:音与音之间跨度比较大,是六度大跳音程。

师:这一部分音与音之间的跨度比较大,在吹奏时do到la要快速移动口琴,快而准地找到准确的音位。请同学们跟着钢琴,看着老师的手势，我们来吹奏这一部分歌曲。

【分析与反思】

这是一首轻快的$\frac{2}{4}$拍的歌曲，歌曲中速度的变化增加了歌曲意境，让学生有身临其境的感觉。在口琴吹奏时让学生感受歌曲情绪，注意歌曲节奏上的变化。利用分组接龙的方式让学生自主完成这一部分的口琴吹奏，培养学生自主学习的能力。在跨度比较大的部分，教师带领学生一同完成口琴吹奏，帮助学生连贯饱满地完整吹奏乐曲。让学生从感性到理性地感知歌曲速度变化的巧妙之处，同时把学生课堂中学习的知识及时灵活地运用到实践中，让学生即时分享自己的音乐成果，大大激发了学生学习的积极性。

上海市浦东新区高桥镇小学　韩小川

《愉快的梦》教学案例分析

【案例背景】

歌曲《愉快的梦》是一首抒情优美的童声二声部合唱曲，具有摇篮曲的特点，$\frac{6}{8}$拍，表现了恬静悠闲的意境。四年级的学生已经具备识谱能力，能够通过吹奏口琴找准音的位置。本课以单元诗导入，创设情境，并借助打击乐器伴奏、自主视谱、口琴二声部合奏等方式解决歌曲难点，掌握歌曲$\frac{6}{8}$拍的韵律，激发学生的学习兴趣，取得了良好的教学效果。

【案例实录】

片段一

师：同学们，听听歌曲情绪怎样？是几拍子的？

生：歌曲情绪优美抒情，是$\frac{6}{8}$拍的。

师：口琴吹奏优美抒情的歌曲时要注意用柔和的气息，用柔和的气息练习口琴音阶，每个音保持6拍。

（学生在老师指挥下练习长音）

师：用模进的方法在口琴上练习：

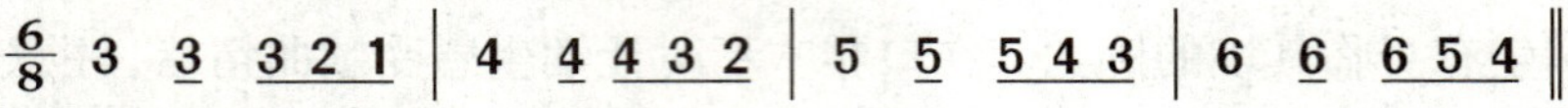

6/8 3 3 3 2 1 | 4 4 4 3 2 | 5 5 5 4 3 | 6 6 6 5 4 ‖

（学生自主练习）

片段二

师：请同学们找出歌曲中节奏相同的部分。

（学生自主视谱，跟着琴学唱歌曲旋律）

师：分组练习自学吹奏第一、二乐句。

（学生练习）

（教师巡视并提醒学生低音sol,，在口琴第7格）

（学生通过自主学习的方式培养视谱和吹奏能力）

师：视谱唱第三、四乐句，找找旋律特点。

（学生分组、分乐句练习，四小组各自领取吹奏任务）

师：请同学们和老师旋律接龙共同演奏歌曲旋律。

片段三

师：歌曲中有很多模进的旋律，请你找出来大家一起练一练。

（学生吹奏 6/8 5 3 5 3 | 5· 3 4 5 | 6 4 6 4 | 6· 6· ‖）

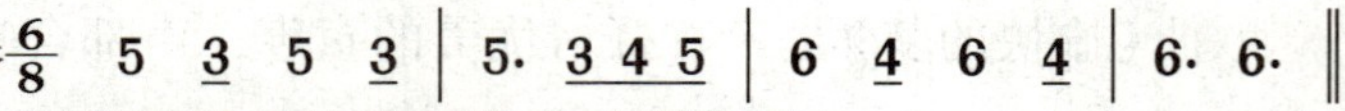

师：为高声部用模进的旋律创作方法配和声。

（师生互动，共同创编旋律）

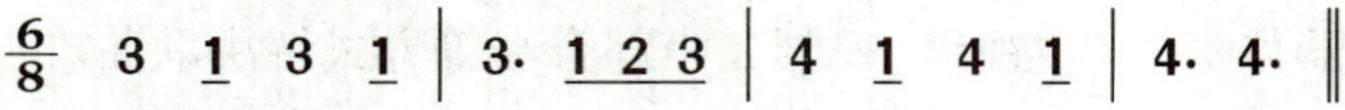

6/8 3 1 3 1 | 3· 1 2 3 | 4 1 4 1 | 4· 4· ‖

（学生练习）

师：分组唱奏高低声部旋律，一部分同学唱谱，一部分同学吹奏口琴，巩固音高。

（学生高低声部合唱部分进行视谱及合唱练习）

师：请同学们分组同时吹奏这两条旋律。

（学生尝试二声部齐奏，教师进行指导）

【分析与反思】

在本课的口琴教学中，教师主要借助口琴来唱准二声部的旋律，并在旋律模进的创作中解决了音准，培养了学生视谱合奏能力及合唱能力，激发了学生学习音乐的兴趣，增强了学生的音乐审美情趣和艺术鉴赏力，培养学生团队协作精神，并从很大程度上丰富了音乐课堂教学。本课中，仍有许多不足之处有待改善。能够吹准乐曲的旋律对于四年级下半学期的学生来说并不难，但是如何引导学生在口琴学习中体验、探索、发现、求知？首先要着眼于学生的音乐兴趣，其次需要培养学生主体对器乐的表现创造能力，尤其要注重本课$\frac{6}{8}$拍带来的摇曳的韵律感，在口琴吹奏中的连贯气息表达歌曲的流畅性和自如的呼吸感，让学生知道怎样的气息才能更好地表现出音乐的意境。

上海市浦东新区高桥镇小学　何卉

《行进到普勒多利亚》教学案例分析

【案例背景】

歌曲《行进到普勒多利亚》是一首速度较快、朝气蓬勃又充满童趣的进行曲体裁的南非儿童歌曲。歌曲节奏明快、旋律朗朗上口，采用了主歌和副歌两段体的结构。歌曲主歌部分的旋律非常有特点，都是大量的同音反复。大量的同音反复意味着在吹奏时要么连续吸气要么连续吹气，所以对学生的气息要求比较高，在上课的过程中是需要教师不断强调，学生注重练习的地方。

【案例实录】

片段一

师：请同学们先唱一唱歌曲第一部分的旋律，并且找找旋律的特点。

（学生视唱旋律）

师：旋律的特点是什么？

生：歌曲中出现了好多的mi。

生：有好多相似乐句。

生：节奏好欢快。

……

师：对的。这首歌曲中有大量的mi连续出现，这是同音反复的创作手法。由于是相同的音，所以在口琴吹奏时需要连续吹气，对于气息来说要求比较高，希望同学们控制好气息，否则会出现一个乐句没有完成就气息不够的情况。

（学生练习歌曲的第一乐句）

（学生互评）

生：节奏不稳，速度有点快。

生：气息还是有点不太够。

师：同音反复看似挺简单的，其实要吹奏好还是不太容易的。在吹奏时要注意控制好速度，不能越吹越快。其次要控制好气息，要由腹部支撑，轻巧地吹奏。

（学生继续练习）

……

片段二

师：歌曲的结束句是一句两声部的旋律，两个乐句的旋律像不像？

生：有点像，节奏一样。

生：除了节奏相同，旋律一点都不像。

生：高声部的旋律是往上走的，而低声部的旋律是向下走的，所以感觉完全不一样。

师：我们把这种不同进行方向的两声部叫作反向进行。其实反向进行的两声部合在一起听才好听呢。请大家合奏一下，听听和声效果怎样。

（学生分组，尝试两声部练习吹奏）

师：音响效果如何？

生：很好听呢。

师：两个声部中哪个是主旋律，哪个又是伴奏声部？

生：高声部是主旋律，低声部是伴奏声部。

师：所以在吹奏的时候要注意声部音量的均衡，低声部要略微控制一点才能突出主旋律。

（学生分组练习）

（在口琴帮助下进行结束句的两声部合唱。一半学生吹奏口琴，一半学生歌唱）

（学生练习；少部分学生吹奏，大部分学生歌唱）

（学生练习；全体两声部合唱）

【分析与反思】

在《行进到普勒多利亚》的教学过程中，口琴教学作为歌唱教学的辅助起了非常重要的作用。

在教学中，教师主要让学生利用已经掌握的音乐知识和口琴吹奏本领进行自主探究，教师只是起到提示引导的作用。培养学生在歌曲学习中仔细聆听的好习惯，听辨旋律的重复和模进，听辨段落的情绪变化。尤其是小组合作吹奏练习，一部分学生吹奏，一部分学生歌唱，用口琴来帮助合唱，器乐和演唱融为一体。运用各种生动活泼的学习形式，充分调动学生的学习积极性，提高学生的音乐实践和合作能力。

口琴教学为合唱教学解决了音准难题。两声部合唱音准一直困扰着教师和学生，尤其是低声部学生很容易唱走音。有了口琴的帮助，音准问题就有了解决的好办法。请部分学生吹奏，部分学生演唱，这样演唱的学生就有了“不走音的口琴”作为帮助，使他们的音准得到了保证。在学生对于两声部的音响效果有了比较多次的体验后，逐步减少吹奏口琴的学生的数量、增加演唱学生的数量，直至全部学生参与合唱。这样循序渐进，让音准不再成为学生进行合唱时的绊脚石，学生可以切实地感受到两声部合唱的和声效果。

上海市浦东新区北蔡镇中心小学 曹忠

《红蜻蜓》教学案例分析

【案例背景】

《红蜻蜓》是一首描写少年儿童回忆自己幼年情景的儿童歌曲，歌曲采用$\frac{3}{4}$拍，大调式，演奏形式是合奏。这首乐曲的教学重点是感受、体验优美的旋律，运用连贯、平稳的气息吹奏乐曲，教学难点是准确地进行合奏，感受其和谐而丰富的和声效果。

【案例实录】

片段一：学习吹奏高声部旋律

师：刚才我们视唱了高声部的旋律，现在我们要用口琴来吹奏一下。（学生齐奏）

师：你们认为还有哪些可以改进的地方？

生1：我们的吹奏不整齐。

生2：很多同学吹奏的音不干净。

师：你们觉得哪几个小节的音比较难吹准？

生：第一乐句的第一小节比较难，因为有个低音。

师：我们一起来把低音sol,练习一下，从口琴低音端往右数第7孔；另外注意三拍子的强弱规律，上行的旋律适当加上渐强的力度处理。

片段二：学习吹奏低声部旋律

师：刚才我们视唱了低声部的旋律，低声部出现了三个低音，所以请大家把sol,、la,、si,、do来吹奏一下，注意la,、si,之间是sol,。

（学生连起来吹奏低声部旋律）

师：请大家注意上行旋律的气息推进，并关注一下每个乐句结尾的休止符号，不要拖音。

（学生练习气息控制，连贯吹奏）

师：注意第三小节的mi到低音la,,之间的大跳音程。

（学生练习大跳）

师：自主学习第二乐句。

（学生练习）

师：分组演唱及吹奏低声部旋律，老师钢琴弹奏高声部旋律。

片段三：分组合奏

师：请同学们口琴两声部合奏，老师做指挥。

（学生合奏）

师：歌曲主要是回忆幼年情景，比较温馨，请大家跟着钢琴，用温柔的情感、连贯的声音吹奏，注意三拍子的强弱规律，加强气息和和声均衡。

（学生合奏）

师：找一找合奏的问题。

生：音量不均衡。

师：调整音量各声部练习。

（学生练习）

师：你们的吹奏很深情，声音均衡、统一，把我带到了天真无邪的幼年时光，非常棒，掌声送给大家。

【分析与反思】

乐曲《红蜻蜓》是一首合奏曲，全曲只有8小节，为上、下乐句构成的一段体节奏，乐曲的主旋律起伏较大，音域达十度，和声式的第二声部围绕主音do起伏不大，使歌曲的和声色彩非常浓厚。全曲虽短小，但曲调非常优美抒情，令人难以忘怀。

乐曲的教学难点是各个声部能平稳地吹奏自己声部的旋律。首先是熟悉乐曲旋律，然后在会唱旋律的基础上，再进行分声部的吹奏练习。这个环节，主要是引导学生运用悠长、连贯、平稳的气息进行吹奏，体现乐曲的风格。由于这首乐曲的两个声部都出现了低音，在口琴上，低音区各个音在口琴上的位置和中音区不一样，学生容易混淆，所以进行了低音区部分的音阶练习，短短几分钟的音阶练习起到了很大的作用，旋律中碰到低音找不到音位的现象少了，同学们吹奏得更顺畅了。两声部合奏要讲究和谐及音量均衡，一开始由于高声部的音量比较强，合奏显得不太和谐，后来通过教师的提醒，高声部控制了音量，演奏的效果一下子和谐舒畅了，乐曲的情绪得以正确的表现，同学们的合奏能力也得到了培养，师生也体验到了合奏的快乐。

上海市张江高科实验小学　袁星亚

《可爱的家》教学案例分析

【案例背景】

歌曲《可爱的家》是英国歌剧《克拉丽》中的一首插曲，曲调平稳、抒情、深沉，特别是歌曲中的两声部十分平稳、和谐，三、六度和声色彩柔和，表现了温馨家园的恬静气氛。歌曲由两个乐段和尾声组成，第一、二乐段包含两个平行的乐句。所以在教学这首歌曲时，可以让学生探究旋律特点及关系，在能够完整吹奏高声部旋律的基础上学吹低声部旋律，从而达到高低声部合奏歌曲的效果。

【案例实录】

片段一

师：歌曲情绪怎样？表达了作曲家怎样的情感？

生：歌曲情绪是悠扬流畅而略带伤感的，表达了作曲家对家的怀念以及对和谐家庭生活的向往。

师：那么我们应当以怎样的力度来吹奏这首歌曲呢？

生：根据歌曲的情绪表达，我们应当控制气息，不能用太强的力度，尽量悠扬地吹奏出这首乐曲。

（学生练习用流畅的气息吹出do、re、mi、fa、sol各音，再看老师的手势练习第一乐句的各音）

片段二

（教师多媒体出示歌曲第一、二乐句旋律，请学生对比感受旋律的不同）

师：同学们，请你们听听这两条旋律有什么不同。

生：两条旋律最后一个音不同。

师：让我们一起来吹一吹这两条旋律，在吹奏的过程中要注意附点音符的正确时值，并注意弱起拍。

（学生通过对气息的控制，准确地吹奏出附点节奏型，并正确地吹出弱起拍的特点。

片段三

师：我们已经能够熟练吹奏高声部旋律，接下来让我们学习一下低声部旋律。老师弹一句，你们吹一句。

（学生跟着琴逐句学习吹奏低声部旋律，教师适当提醒附点节奏的准确吹奏）

师：现在老师把大家分为两大组，第一大组吹奏高声部旋律，第二大组吹奏低声部旋律。

（学生高低声部合作吹奏《可爱的家》）

【分析与反思】

音乐教学作为素质教育的重要内容，必须要抛弃单调、枯燥、令学生厌烦的填鸭式内容和模式，使学生在良好的心态、轻松的气氛和愉快的环境中接受教育。对于五年级的学生来说，弱起小节和附点节奏型已经很熟悉了，所以在本堂课中，教师通过旋律对比，让学生自主感受、体会歌曲《可爱的家》中附点节奏的运用特点，并借助口琴让学生将附点节奏时值准确吹奏出来。在完整吹奏高声部旋律后学习低声部旋律，为高低声部合作吹奏歌曲做铺垫，让学生在合奏中培养声部概念和合作能力，同时为合唱作好音准和谐的准备，可谓事半功倍。

上海市浦东新区高桥镇小学　何卉

《小白船》教学案例分析

【案例背景】

《小白船》是一首在我国流传已久的朝鲜童谣，歌曲以优美的旋律、宽松的节奏、三拍子的韵律，描绘了弯弯的月亮像小船一样在夜空中荡漾的生动形象和美好神奇的意境。歌曲结构为两段体，第一段由两个相似的乐句组成，旋律高低起伏较大，所以在口琴吹奏的过程中，可以通过创作固定伴奏音型，让学生在吹奏的过程中熟悉歌曲旋律。第二段旋律逐步推向高潮，但由于口琴吹奏中高音do′的音位和吹吸方法学生不易掌握，所以在此乐段中，第一乐句可以让学生集体吹奏，第二乐句选用长音吹奏的方法，降低学生吹奏口琴的难度，与教师共同演绎完成，表达出儿童对于宇宙的无限遐想。

【案例实录】

本课时紧紧抓住三拍子歌曲的节奏特点，在吹奏的过程中，分别运用四分音符与四分休止符的组合节奏型以及附点二分音符感受乐曲韵律，熟悉乐曲旋律，创编简易乐句，以长音伴奏来完整演奏，将旋律高潮处用不同吹奏形式表现出来，让学生能在饶有兴趣的学习过程中激发学习口琴的乐趣，感受歌曲所描绘的生动形象和意境，表达出自己对于美好世界无限追求的美好情感。

片段一

师：今天老师和同学们一起分享一首朝鲜童谣，听听它是几拍子歌曲，带给你怎样的感受？

生：三拍子。

生：歌曲优美，抒情。

师：老师用钢琴来演奏，你们能否创编简单的单音，用口琴为老师伴奏呢？

生：歌曲的旋律很优美，我们可以用简单的节奏吹奏长音来伴奏，这样比较好听。

生：我发现歌曲中sol、mi出现得很多，我们就用它们来伴奏吧。

师：老师和这位小小作曲家一起来合作一下，你们听听是否合适，好吗？

$\frac{3}{4}$ 5 – – | 3 – – ‖

（学生点评，教师作微调，师生合作演奏）

片段二

师：同学们，你们观察一下歌曲乐谱，看看哪一个乐句我们能挑战一下，用口琴完整吹奏呢？

生：第三个乐句我感觉蛮简单，我们能吹好，因为跨度不大。

师：你们真是太棒了，那这个乐句的主要演奏就是你们了，老师用钢琴和你们接龙联奏吧。

（师生合作学习第三乐句）

师：第三乐句和第四乐句是歌曲的高潮部分，老师从你们的口琴声中也已经感受到了，最后一个乐句，大家看看音高发生什么变化了？

生：最后一句的音高起伏很大，第一个是最高音do′，最后一个落在中音区do上。

师：是呀，吹奏的难度也加大了，觉得自己能吹奏的同学可以试试和老师一起演奏，表达我们探索宇宙奥秘的愿望，觉得有困难的同学，可以选用老师为大家推荐的长音伴奏，来丰富我们的旋律。

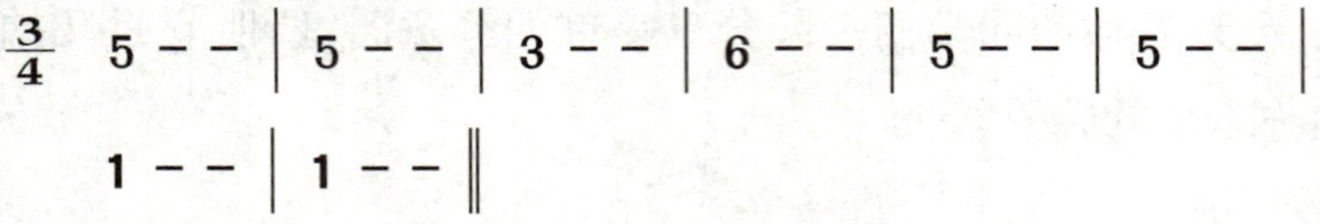

$\frac{3}{4}$ 5 – – | 5 – – | 3 – – | 6 – – | 5 – – | 5 – – |

1 – – | 1 – – ‖

（师生合作表演）

【分析与反思】

本课时口琴吹奏的教学设计，一定要把握歌曲的情绪特点，把握吹奏的难易程度，可以从两个层面引导和激发学生的学习兴趣。歌曲中节奏宽松的乐句，可以鼓励学生自行创作，教师加以指导，一起吹奏学生创作的固定伴奏音型，使“小作曲家”有成就感，也激发其他学生的创作积极性。高潮部分简易的乐句集体吹奏，教师伴奏，学生会增添“演奏者”的自豪感，在师生合作演奏中能完整感受歌曲的抒情情绪。总而言之，口琴教学的设计，一定要以学生为本，了解学生的吹奏能力，激发学生的学习兴趣，以学生为主体，师生互动，将学生对音乐学习的感受、音乐活动的参与放在重要的位置，激发他们的音乐潜能，挖掘天性，让他们自主自发地活动起来，去获取知识，解决困难，教师也在这样的教学活动中与学生共同成长和进步。

上海市浦东新区华林小学　汤慧

《平安夜》教学案例分析

【案例背景】

《平安夜》是一首圣诞歌，这首脍炙人口的歌曲曲子动听，歌词优美，充满安宁。这首乐曲的教学重点是感受歌曲情绪，唤起学生向往安宁的小世界的情感；教学难点是用口琴吹奏歌曲的旋律，特别是高音区的几个音要吹准，通过连贯的吹奏来表现优美宁静的意境。

【案例实录】

片段一

师：今天我们要学习的歌曲名叫《平安夜》，请大家仔细聆听：歌唱者是用怎样的情感演唱的？

生1：歌唱者演唱的时候很安静，好像没有任何烦恼。

生2：歌唱者用抒情优美的情感演唱的。

师：《平安夜》这首歌是奥地利的一个小地方的小乡村教会的神父Joseph Mohr在1816年写的歌词，曲作者Franz Gruber是当地的一位默默无闻的音乐老师。通过歌曲，我们可以想象当年默默无闻的Mohr神父在圣诞节前的晚上在山坡上望着奥地利乡村月下的景色，心怀无限感恩的情景。

片段二

师：齐唱歌曲，让我们跟着钢琴轻声演唱，找出歌曲中相同的乐句。

生1：第一乐句的前两小节和后两小节旋律相同。

生2：第四、五乐句的旋律也是相同的。

师：同学们把相同的旋律都找出来了，接下来让我们用口琴合作吹奏歌曲旋律。

（学生视谱练习口琴吹奏）

师：乐曲是三拍子的，请你们把mi这个音三拍吹足，第一乐句大部分是吹音，最好用弱吹。

（学生：练习口琴吹奏）

师：下面抽部分同学展示一下练习效果。

（学生吹奏第三乐句）

师：你们觉得这个同学的吹奏怎样？

生1：刚才这个同学吹奏时，la、si、do′三个音的位置有点混淆了。

生2：建议放慢速度再吹一遍。

片段三

师：同学们一起来练习高音区的音阶。

（学生自主练习）

师：这首乐曲在高音区有这几个音：do′、re′、mi′、fa′，我们练习吹奏一下，明确音位。

（学生分组练习，学习能力强的学生将第五乐句和其他同学接龙，连起来合作吹奏完整乐曲）

师：现在请大家跟着钢琴完整吹奏歌曲的旋律，注意气息连贯。

（教师布置合作表演任务：打击乐器伴奏组为歌曲伴奏，用三角铁、小铃伴奏轻柔的长音；口琴吹奏组；教师钢琴或手风琴伴奏；小小指挥组）

【分析与反思】

《平安夜》这首歌曲在学生吹奏旋律相同的乐句时对学生来说还相对简单，所以让学生自主练习，老师通过抽吹知道学生的练习情况，对出现的问题及时纠正，学生知道了问题，找准口琴高音区的do′、re′、mi′、fa′在口琴上的位置，再进行练习，实效可见。由于这几个音的位置是跳跃的，比较复杂，音阶的练习有利于学生找到音在口琴上的位置，然后重点吹奏第二、五乐句，就会起到事半功倍的效果。

歌曲《平安夜》需要学生用平稳的气息、连贯的吹奏表现乐曲柔和宁静的意境，而第五乐句高音区的音恰恰是本课教学的难点，所以在搞清高音区各音音位的同时，在生生接龙、师生接龙的教学策略下，给部分同学降低吹奏难度，学生不仅可以完整演绎乐曲，还能在搞清高音区音位的情况下，拓宽口琴演奏的曲目。学生通过自主学习，小组合作，再分声部齐奏，基本完成了吹奏，最后当学生听到自己的吹奏效果后，既开心又兴奋，教学效果明显。

上海市张江高科实验小学　袁星亚

《天空之城》教学案例分析

【案例背景】

电影《天空之城》是日本吉卜力工作室于1986年推出的一部动画电影。其原作、监督、脚本和角色设定都由宫崎骏来担任，使得这部作品充满了宫崎骏的理念。其主题曲《伴随着你》（通常称作《天空之城》）由音乐家久石让作曲，以其让人落泪的优美曲调、动人心弦的美妙音律而闻名全球，被改编成多种版本，成为经典的轻音乐名曲，也将成为流芳百世的世界名曲。

聆听并赏析《天空之城》，分析音乐的表现要素，了解主题音乐在影片中的特点和作用。能够吹奏歌曲中的部分旋律，能够运用正确的情绪、气息吹奏歌曲旋律，表现歌曲所要传达的情绪及意境。

【案例实录】

片段一

师：聆听歌曲，感受歌曲的情绪是怎样的？歌曲是几拍子的？

生：歌曲情绪是优美抒情的，$\frac{4}{4}$拍。

师：我们应该用怎样的气息吹奏歌曲旋律？

生：应该用连贯的气息吹奏旋律。

师：请同学们视谱，看看整首歌曲的旋律是从强拍开始的还是从弱拍开始的？

生：从弱拍开始的。

师：所以这是一首弱起的歌曲。

师：哼唱旋律，找一找歌曲哪里出现了附点节奏。

生：歌曲前半部分几乎每一乐句中都出现了附点节奏。

师：因此口琴学习吹奏的时候要吹准这些附点节奏。

片段二

师：请同学们学唱歌曲第一部分旋律，找出完全相同的乐句。

生：第一乐句和第五乐句完全相同。

生：第二乐句和第六乐句完全相同；学习吹奏歌曲第一、二乐句。

师：第一乐句中出现了高音mi′，能找出其在口琴上的位置吗？吹法是什么？

生：高音mi′在口琴的第17格，是吹的。

师：吹一吹高音do′、高音mi′以及中音区的si这三个音，因为这三个音在口琴上的位置相距较远，因此吹奏过程中一定要找准位置。

生：do′（吹）、mi′（吹）、si（吸）。

师：吹一吹第一乐句，注意第一乐句是从第四拍开始的弱起拍。

（学生练习第一乐句）

师：自学第二乐句。

（学生自学第二乐句）

师：我们应该运用怎样的气息吹奏第一、二乐句？

生：连贯的气息。

师：请你们运用连贯的气息吹奏第一、二乐句。

片段三

师：跟着钢琴学唱歌曲第二部分旋律，找一找有没有从强拍开始的乐句？

生：第三、四乐句是第二部分旋律中从强拍开始的两句乐句。

师：这两个乐句中出现的最高音是什么？在口琴的哪个位置？

生：出现的最高音是高音fa′，口琴上的位置是在第20格，这个音是吸的。

师：第四乐句的吹奏方法是怎样的？

生：吸—吹—吸—吹—吹。

师：请你们在口琴上吹一吹，注意延音线的吹奏方法。

【分析与反思】

歌曲《天空之城》整首歌曲的篇幅较长，并且在歌曲旋律中存在着很多的旋律重复变化，因此在教学过程中，让社团的学生或者高年级的学生来学习吹奏这首乐曲。在学生熟悉口琴高音区各个音位后，延伸学习积极性，各类音域跨度较大的乐曲都可以在学生自主学习中吹奏出来，更好地掌握口琴吹奏技能。

这首歌曲的难点在于吹准高音区的各个音，适时演奏出休止符、延音线以及附点节奏等，使乐曲整体的优美婉转的意境在良好的气息支持的口琴吹奏中充分表现。

上海市浦东新区高桥镇小学　须佳琦